愛，讀出聖經的智慧與眞理

郭泰

從神而來的智慧，一一帶領與指引！

目錄

推薦序 011
自序 014

輯一

1. 從神而來的智慧 018
2. 人間有苦難，主裡有平安 021
3. 常常喜樂 024
4. 應當一無掛慮 027
5. 愛是恆久忍耐 030
6. 不要為明天憂慮 033
7. 慢慢地動怒 036
8. 我的擔子是輕省的 039

9. 九種有福的人 042
10. 十誡 047
11. 主禱文 051
12. 貪戀錢財，偏離真道 055
13. 神賜福謙卑的人 058

輯二

14. 四種恩賜 064
15. 怎樣才能得永生 067
16. 唯獨敬虔，凡事都有益處 070
17. 世人都犯了罪 073
18. 十分之一的奉獻 076
19. 奉我的名聚會 079

20. 禱告的力量大有功效 082
21. 饒恕七十個七次 085
22. 財主進天國是難的 088
23. 撒在好土的種子，結實百倍 091
24. 暗中施捨，主必報答 094
25. 耶和華是我的牧者 097
26. 僕人領袖 101

輯三

27. 一粒麥子 106
28. 人子沒有枕頭的地方 109
29. 兩條大誡命 112
30. 世上的鹽和光 115
31. 信可移山 118

32. 管好自己的舌頭 121
33. 聖餐 124
34. 施比受更有福 127
35. 聖靈與肉體的爭戰 130
36. 神的道刺入骨髓 133
37. 患難中有歡喜 136
38. 我是葡萄樹，你們是枝子 139
39. 因信稱義 142

輯四

40. 大使命 148
41. 保羅誇耀自己的軟弱 151
42. 與魔鬼的爭戰 154

43. 竭力保守聖靈所賜合而為一的心 157
44. 司提反殉道 160
45. 天國裡小孩子最大 163
46. 丈夫是妻子的頭 166
47. 順服權柄 169
48. 脫去舊人，穿上新人 172
49. 聽道、信道、行道 175
50. 復活 178
51. 光明潔白的細麻衣 181
52. 新天新地 184

推薦序

為郭泰弟兄的書《愛，讀出聖經的智慧與真理》寫序

郭泰弟兄參加我們在加拿大西溫哥華的聚會已近五年。我們這種基督徒的聚會，是根據聖經「和清心禱告主的人一同追求聖經眞理」的聚會。

我自己參加這類的聚會，大約是從一九三四年開始；那時是在湖南長沙相雅醫院眼科主任俞成華弟兄家中，由俞成華弟兄帶領。後來才知道俞成華弟兄和倪柝聲弟兄是同工。

一九四七年我高中畢業，由俞成華弟兄介紹我去上海參加倪柝聲弟兄帶領的青年聚會，講題是「怎樣讀聖經」。後來倪柝聲弟兄出了一本叫《讀

經之路》，我在他帶領的這次聚會遇見了主。

那時倪弟兄要求我們青年人要將聖經讀五遍。每年至少讀一遍，並且要我們去學希臘文，這對讀原文聖經就比較準確，於是我們一些青年人就去學了希臘文。以後，用希臘文讀聖經，以經解經，使聖經眞理中神的話更準確。

在倪柝聲弟兄帶領下，我們看見了啓示錄第二章和第三章中教會的路。啓示錄的七個教會，前三個教會已結束，現在只有後面四個教會要繼續到主基督再來。這四個教會除了非拉鐵非教會，其他教會都要悔改。因此當教會偏離正道時，我們需要和一批清心禱告主的人一同追求（提摩太後書第一章13～15節、第二章22節）。這就是略有一點力量，也曾遵守主的話，不棄絕主的名的聚會（啓示錄第三章8節）。

因此這樣的聚會沒有上下級、沒有固定組織、沒有牧師制度，每次聚會都是在聖靈帶領下，以讀主的話爲目的。

郭泰弟兄和我們一同追求見證的這本書：其內容都是根據聖經的眞理，也是主耶穌的教訓，更是基督徒生活的見證。如保羅告訴提摩太的話：「你從我聽的那純正話語的規模，要用在基督耶穌裡的信心和愛心，常常守著。從前所交託你的善道，你要靠著那住在我們裡面的聖靈，牢牢地守著。」（提摩太後書第一章13～14節）。

保羅也說：「這不是說我已經得著了，已經完全了，我乃是竭力追求，或者可以得著基督耶穌所以得著我的。弟兄們，我不是以爲自己已經得著了，我只有一件事，就是忘記背後，努力面前的，向著標竿直跑，要得神在基督耶穌裡從上面召我來得的獎賞。」（腓立比書第三章12～14節）

求主祝福聖經中的眞理，藉這本書使我們追求明白聖經的眞理。

蔣繼書弟兄寫於二〇二〇年加拿大溫哥華

自序

我是在二〇一六年初信仰主耶穌基督的，距今四年有餘。

非常幸運的，從信主那一天開始，我就跟隨蔣繼書弟兄整整讀了四年的聖經，這一本《愛，讀出聖經的智慧與眞理》可以說是我四年多來研讀聖經的心得報告。

很多人可能不知道，自己靈修讀經非常的吃力，效果也不會太好，必須在老師指導之下，帶領著查經，效果最好。我有幸在神的帶領下，認識了蔣弟兄，四年多來在他的指導之下，我終於順利讀出了五十二則聖經的智慧與眞理。

蔣繼書弟兄是牙醫博士，他曾受過中國基督教小群教會領袖倪柝聲的指導，研讀聖經超過一甲子，不但讀經方面的著作豐厚，而且在香港、溫哥華以及中國大陸三地都有許多追隨的人。但他爲人謙卑、低調，要求大家不得稱呼「蔣老師」，而以「蔣弟兄」相稱，並把所有的榮耀都歸給主。

本書爲何取名爲《愛，讀出聖經的智慧與眞理》呢？因爲若用一個字來解釋聖經，那就是「愛」；而本書的五十二節正是我四年來從聖經讀出的五十二則智慧與眞理。

本書的五十二節均採用統一的格式，每一節均包含題目、經文、出處、以經解經、結尾等五個部分，段落分明，一目了然。特別要指出的是「以經解經」的部分，這是蔣弟兄一再提醒我們要特別留意的。聖經是神對人說話，我們不能用人的角度去理解聖經，最理想的方式自然是「以經解經」。

末了，要特別說明的是，本書內容所採用的中文聖經譯本，是以流傳於華人世界最廣的和合本爲準。另外，若和合本有翻譯得不準確之處，當以 DARBY 英文本聖經爲準。

郭泰　二〇二〇年三月二十六日

輯一

1．從神而來的智慧

〔經文〕

然而，在完全的人中，我們也講智慧，但不是這世上的智慧，也不是這世上有權有位將要敗亡之人的智慧。我們講的，乃是從前所隱藏、神奧祕的智慧。就是神在萬世以前預定使我們得榮耀的。這智慧，世上有權有位的人沒有一個知道的；他們若知道，就不把榮耀的主釘在十字架上了。

〔出處〕

哥林多前書二章6至8節。

神的智慧不是世上有權有位的人將要敗亡的智慧。那麼，什麼是神的智慧呢？哥林多前書一章20至21節有啓示：智慧人在哪裡？文士在哪裡？這世上的辯士在哪裡？神豈不是叫這世上的智慧變成愚拙嗎？世人憑自己的智慧，既不認識神，神就樂意用人所當做愚拙的道理，拯救那些信的人，這就是神的智慧了。

人不可自欺。你們中間若有人在這世界自以爲有智慧，倒不如變做愚拙，好成爲有智慧的。因爲這世界的智慧，在神看是愚拙。如經上說：「主教有智慧的，中了自己的詭計。」又說：「主知道智慧人的意念是虛妄的。」（哥林多前書三章18至20節）

耶和華以智慧立地，以聰明定天。（箴言第三章19節）因此，宇宙間所積蓄的一切智慧知識，都在祂裡面藏著。（歌羅西書第二章3節）

神叫我們側耳聽智慧，專心求聰明。（箴言第二章2節）因爲，得智慧、得聰明的，這人便爲有福。因爲得智慧勝過得銀子，其利益強如精金。比珍珠寶貴，你一切所喜愛的，都不足與比較。（箴言第三章13至15節）

而且，耶和華賜人智慧，知識和聰明都由他口而出。（箴言第二章6節）所以，你要專心仰賴耶和華，不可倚靠自己的聰明。（箴言第三章5節）並且在一切所行的事上，都要認定他，他必指引你的路。（箴言第三章6節）

敬畏耶和華是智慧的開端，認識至聖者便是聰明。

——箴言第九章10節

2．人間有苦難，主裡有平安

〔經文〕

我將這些事告訴你們，是要叫你們在我裡面有平安。在世上你們有苦難，但你們可以放心，我已經勝了世界。

〔出處〕

約翰福音十六章33節。

〔以經解經〕

所謂「在我裡面有平安」，基督徒的平安是裡面的平安，不是外面的平安；是基督耶穌所賜，靈裡的平安。

基督徒當然也會與常人一樣，遭受外面的諸多苦難，但他靈裡面是平安的。因此縱使外面遭遇苦難，但他裡面仍有平安，不會惶恐憂愁。

耶穌說：「我留下平安給你們，我將我的平安賜給你們。我所賜的，不像世人所賜的，你們心裡不要憂愁，也不要膽怯。」（約翰福音十四章27節）

另外，耶和華也說：「我知道我向你們所懷的意念，是賜平安的意念，不是降災禍的意念，要叫你們末後有指望。」（耶利米書二十九章11節）

還有，聖靈也會帶給我們平安。聖靈所結的果子，就是仁愛（原文是愛）、喜樂、和平（原文是平安）、忍耐、恩慈、良善、信實、溫柔、節制。（加拉太書五章22節）

羅馬書第八章6節：體貼肉體的就是死，體貼聖靈的乃是生命、平安。

基督徒當感到不平安時，表示聖靈正在擔憂，這時不要消滅聖靈的感動，應當順服，尋求神的旨意，一定要叫基督的平安在你們心裡做主（歌羅西書三章15節）。意思是叫基督的平安管理你們的心。

總之，基督徒與平常人最大的不同在於：一般人遭遇苦難，總是惶恐不安；而基督徒遭遇苦難，他裡面仍有從聖靈裡的平安。

你躺下，必不懼怕；
你躺臥，睡得香甜。
——箴言第三章24節

3．常常喜樂

〔經文〕

要常常喜樂，不住地禱告，凡事謝恩，因為這是神在基督耶穌裡向你們所定的旨意。

〔出處〕

帖撒羅尼迦前書五章16至18節。

〔以經解經〕

平安喜樂是基督徒的口頭禪，意思是每個基督徒在信主之後，都獲得了平安喜樂，這是基督徒與一般人最大的不同之處，乃發出內心深處的一種喜悅感。

前一節講平安，這一節講喜樂。喜樂來自於篤信主耶穌，請讀彼得前書一章8節：你們雖然沒有見過他，卻是愛他。如今雖不得看見，卻因信他就有說不出來、滿有榮光的大喜樂。

另外，羅馬書十五章13節：但願使人有盼望的神，因信將諸般的喜樂、平安充滿你們的心，使你們藉著聖靈的能力大有盼望。

上面兩節經文告訴我們，喜悅來自篤信主耶穌。

此種喜悅可以滿足，約翰福音十五章11節：這些事我已經對你們說了，是要叫我的喜樂存在你們心裡，並叫你們的喜樂可以滿足。

而且該喜悅無人能奪去。約翰福音十六章22節：你們現在也是憂愁，但我要再見你們，你們的心就喜樂了，這喜樂也沒有人能奪去。

此外，你們卽便落在百般試煉中，都要以爲大喜樂。（雅各書一章2

節）我們因爲基督的緣故，就以軟弱、凌辱、急難、逼迫、困苦爲可喜樂的，因爲我什麼時候軟弱，什麼時候就剛強了。（哥林多後書十二章10節）

又者，喜樂只要去求就必得著。約翰福音十六章23至24節：我實實在在地告訴你們，你們若向父求什麼，他必因我的名賜給你們。向來你們沒有奉我的名求什麼，如今你們求，就必得著，叫你們的喜樂可以滿足。

你們要靠主常常喜樂，我再說，你們要喜樂。

——腓立比書四章4節

4．應當一無掛慮

〔經文〕

應當一無掛慮，只要凡事藉著禱告、祈求和感謝，將你們所要的告訴神。神所賜出人意外的平安，必在基督耶穌裡保守你們的心懷意念。

〔出處〕

腓立比書四章6至7節。

〔以經解經〕

此段經文有三個重點：

第一，應當一無掛慮。人因爲對神的照顧與供給信心不足，故會憂慮。事實上神對人的照顧無微不至，甚至連每個人的頭髮都數算過了（馬太福音十章30節）；而且訓勉每個人不要爲了吃什麼、喝什麼、穿什麼而憂慮（馬太福音六章25章），並且苦口婆心舉證：你們看那天上的飛鳥，既不種也不收，也不積蓄糧食在倉裡，你們的天父尚且養活牠，何況他珍惜的人呢？（馬太福音六章26節）

第二，凡事要藉著禱告、祈求和感謝，將你們所要的告訴神。

藉著禱告將所要的告訴神。禱告是人與人之間的溝通，那麼要如何禱告呢？這個需要長期的操練，對初信者而言，必須從背誦主禱文著手：我們在天上的父，願人都尊你的名爲聖。願你的國降臨。願你的旨意行在地上，如同行在天上。我們日用的飲食，今日賜給我們。免我們的債，如同我們免了人的債。不叫我們遇見試探，救我們脫離凶惡。因爲國度、權柄、榮耀，全是你的，直到永遠。阿們。（馬太福音六章9至13節）

藉著祈求將所要的告訴神。因爲凡祈求的，就給你們；尋找的，就尋見；叩門的，就給開門。（馬太福音七章7節）

第三，神所賜是出人意外的平安，神所賜是人所料想不到來自神的平安，是來自主耶穌所賜的靈裡的平安。

喜樂的心，乃是良藥；憂傷的靈，使骨枯乾。

——箴言十七章22節

5．愛是恆久忍耐

〔經文〕

愛是恆久忍耐，又有恩慈；愛是不嫉妒，愛是不自誇，不張狂，不做難堪（害羞）的事，不求自己的益處，不輕易發怒，不計算人的惡，不喜歡不義，只喜歡真理；凡事包容，凡事相信，凡事忍耐。愛是永不止息。

〔出處〕

哥林多前書十三章4至8節。

在這篇著名的經文中，列舉了愛的十項內容：

一、恆久忍耐。

二、有恩慈。

三、不嫉妒。

四、不自誇。

五、不張狂。

六、不做害羞的事。（根據DARBY版英文聖經，does not behave in an unseemly manner，應譯爲「不做難堪的事」較爲妥當。）

七、不求自己的益處。

八、不輕易發怒。

九、不計算人的惡。

十、不喜歡不義，只喜歡眞理。

接下來，有四個重要的凡事：凡事包容，凡事相信，凡事盼望，凡事忍耐。許多人在遭遇挫折與苦難時，常會用這四個凡事激勵自己，度過難關。

保羅並在哥林多前書十三章1至3節中闡述了愛的重要：我若能說萬人的方言，並天使的話語，卻沒有愛，我就成了鳴的鑼、響的鈸一般。我若有先知講道之能，也明白各樣的奧祕、各樣的知識，而且有全備的信，叫我能夠移山，卻沒有愛，我就算不得什麼。我若將所有的周濟窮人，又捨己身叫人焚燒，卻沒有愛，仍然於我無益。

保羅甚至說，如今常存的有信、望、愛；這三樣，其中最大的是愛。（哥林多前書十三章13節）。這裡用的愛字，是神的愛，因爲神就是愛。（約翰一書第四章8節）

但命令的總歸是愛，這愛是從清潔的心和無虧的良心、無偽的信心生出來的。

——提摩太前書一章5節

6．不要為明天憂慮

〔經文〕

你們這小信的人哪！野地裡的草今天還在，明天就丟在爐裡，神還給它這樣的裝飾，何況你們呢！所以，不要憂慮說：吃什麼？喝什麼？穿什麼？這都是外邦人所求的。你們需用的這一切東西，你們的天父是知道的。你們要先求他的國和他的義，這些東西都要加給你們了。所以，不要為明天憂慮，因為明天自有明天的憂慮；一天的難處一天當就夠了。

〔出處〕

馬太福音六章30至34節。

基督徒不會爲生活的需要而擔憂，因爲凡事靠神不靠人，一切生活所需天父早就安排妥當了，所以馬太福音六章32節明示：你們需用的這一切東西，你們的天父是知道的。

基督徒要求的是天上的國與神的公義。馬太福音六章19至20節：不要爲自己積攢財寶在地上，地上有蟲子咬，能鏽壞，也有賊挖窟窿來偷；只要積攢財寶在天上，天上沒有蟲子咬，不能鏽壞，也沒有賊挖窟窿來偷。

基督徒定睛在天上的財寶，馬太福音六章21節：因爲你的財寶在哪裡，你的心也在那裡。基督徒忽視屬世的錢財與享受，不在乎困苦的環境，既不羨慕別人的享受，也不看人的臉色，事事仰望神，活出神所喜悅的生命，一切食衣住行自然有神的照看與安排。

基督徒有來自神、靈裡的平安。因此不論順境或逆境，健康或病痛，在靈裡均有平安，不必憂慮，約翰福音十四章27節有啓示：我留下平安給你們，我將我的平安賜給你們。我所賜的不像世人所賜的，你們心裡不要憂愁，也不要膽怯。

人有疾病，心能忍耐；心靈憂傷，誰能承當呢？

——箴言十八章14節

7．慢慢地動怒

〔經文〕

我親愛的弟兄們，這是你們所知道的。但你們各人要快快地聽，慢慢地說，慢慢地動怒，因為人的怒氣並不成就神的義。

〔出處〕

雅各書一章19至20節。

〔以經解經〕

快快地聽，指的是專心傾聽。

慢慢地說，指管住自己的舌頭。雅各書第三章6至8節：舌頭就是火，在我們百體中，舌頭是個罪惡的世界，能汙穢全身，也能把生命的輪子點起來，並且是從地獄裡點著的。各類的走獸、飛禽、昆蟲、水族，本來都可以制伏，也已經被人制伏了；唯獨舌頭沒有人能制伏，是不止息的惡物，滿了害死人的毒氣。

慢慢地動怒，動怒、憤怒、惱怒都是一種罪，是屬肉體的事，屬情慾的事。加拉太書五章19至21節：情慾的事都是顯而易見的，就如姦淫、汙穢、邪蕩、拜偶像、邪術、仇恨、爭競、忌恨、惱怒、結黨、紛爭、異端、嫉妒、醉酒、荒宴等類。我從前告訴你們，現在又告訴你們，行這樣事的人必不能承受神的國。

經文清楚啓示我們，輕易發怒的人是愚妄的。箴言第十四章29節：不輕易發怒的，大有聰明；性情暴躁的，大顯愚妄。

另外，經文也告訴我們，不可含怒到日落。以弗所書四章26至27節：

生氣卻不要犯罪，不可含怒到日落，也不可給魔鬼留地步。

此外，基督徒凡向弟兄動怒的，難免受審判。馬太福音五章22節：只是我告訴你們，凡向弟兄動怒的，難免受審判；凡罵弟兄是拉加（廢物）的，難免公會的審斷，凡罵弟兄是魔利（笨蛋）的，難免地獄的火。

不輕易發怒的，勝過勇士；制伏己心的，強如取城。

——箴言十六章32節

8．我的擔子是輕省的

〔經文〕

凡勞苦擔重擔的人，可以到我這裡來，我就使你們得安息。我心裡柔和謙卑，你們當負我的軛，學我的樣式，這樣，你們心裡就必得享安息。因為我的軛是容易的，我的擔子是輕省的。

〔出處〕

馬太福音十一章28至30節。

軛原意是車衡兩端扼馬頸用的半月形曲木。此處的軛表示一顆如同腓立比書二章8節所示，一顆順服致死的心。負主的軛表示接受神的管制，完全順服在神的手下。

至於如何學主的樣式，當如腓立比書二章3至8節所示：凡事不可結黨，不可貪圖虛浮的榮耀，只要存心謙卑，各人看別人比自己強。各人不要單顧自己的事，也要顧別人的事。你們當以基督耶穌的心爲心。他本有神的形象，不以自己與神同等爲強奪的，反倒虛己，取了奴僕的形象，成爲人的樣式；既有人的樣子，就自己卑微，存心順服，以至於死，且死在十字架上。

因爲我們順服神，所以就得到安息；此外，我們負軛時有主與我們一起承擔，所以擔子自然是輕省的。

人人皆有說不出口的重擔，財主有財主的重擔，窮人有窮人的重擔，工作有工作的重擔，家務有家務的重擔，學生有學生的重擔。凡是身負重擔、感到身心俱疲的人都可到主耶穌那裡，他就會使大家安息，因爲他心裡是柔和謙卑。

你行走，它必引導你；
你躺臥，它必保守你；
你睡醒，它必與你談論。
——箴言第六章22節

9．九種有福的人

〔經文〕

虛心的人有福了，因為天國是他們的。
哀慟的人有福了，因為他們必得安慰。
溫柔的人有福了，因為他們必承受地土。
飢渴慕義的人有福了，因為他們必得飽足。
憐恤人的人有福了，因為他們必蒙憐恤。
清心的人有福了，因為他們必得見神。
使人和睦的人有福了，因為他們必稱為神的兒子。
為義受逼迫的人有福了，因為天國是他們的。

人若因我辱罵你們，逼迫你們，捏造各樣壞話毀謗你們，你們就有福了。應當歡喜快樂，因為你們在天上的賞賜是大的。在你們以前的先知，人也是這樣逼迫他們。

〔出處〕

馬太福音五章3至12節。

〔以經解經〕

虛心的人有福了。此處虛心指靈裡貧窮（不自滿）的人而言，非指世上錢財匱乏而言。在人看來富足，在神看來卻是貧窮的，啓示錄三章17節：你說，我是富足，已經發了財，一樣都不缺，卻不知道你是那困苦、可憐、貧窮、瞎眼、赤身的。因此，靈裡貧窮的人有福了；只要有衣有食，就當知足。（提摩太前書六章8節）

哀慟的人有福了。此處的哀慟指對這邪惡淫亂世界的哀慟，這就像耶穌在路加福音十九章41至44節，爲耶路撒冷的哀哭。

溫柔的人有福了。此處溫柔的人指的是加拉太書五章22節聖靈所結的九種果子仁愛（原文是愛）、喜樂、和平（原文是平安）、忍耐、恩慈、良善、信實、溫柔、節制中的一種果子。

飢渴慕義的人有福了，此處飢渴慕義指的是申命記六章25節中，遵照神所吩咐一切誡命謹守遵行，這就是我們的義了。

憐恤人的人有福了。此處憐恤人的人，指的是路加福音六章37至38節中的不要論斷人，不要定人的罪，要饒恕人，要給人。

清心的人有福了。此處清心的人指的是提摩太前書一章5節中所指，清潔的心、無虧的良心、無僞的信心而言。根據詩篇七十三章1節，神實在恩待以色列那些清心的人，神的祝福在清心的人身上。

使人和睦的人有福了。主耶穌藉他在時在十字架上的死，使人與神和好了，也使人與人和好了。以弗所書二章14至16節：因他使我們和睦，將兩下合而爲一，拆毀了中間隔斷的牆，而且以自己的身體廢掉冤仇，就是那記在律法上的規條，爲要將兩下藉著自己造成一個新人，如此便成就了和睦。既在十字架上滅了冤仇，便藉這十字架，使兩下歸爲一體，與神和好了。

爲義受逼迫的人有福了。義指的是好行爲，基督徒因好行爲，受到別人的嫉妒而受逼迫時，就有福了。馬太福音五章12節啟示，你們在天上的賞賜是大的，在你們以前的先知，人也這樣逼迫他們。

基督徒除了爲了義而遭受逼迫之外，還會因爲基督的緣故，遭受辱罵與毀謗，這時基督徒要定睛在天上，因爲所有的福報都在天上。馬太福音六章20節：只要積攢財寶在天上，天上沒有蟲子咬，不能鏽壞，也沒有賊挖窟窿來偷。

他被欺壓，
在受苦的時候卻不開口。
他像羊羔被牽到宰殺之地，
又像羊在剪毛的人手下無聲，
他也是這樣不開口。
——以賽亞書五十三章7節

10．十誡

〔經文〕

神吩咐這一切的話說：

「我是耶和華你的神，曾將你從埃及地為奴之家領出來。

「除了我以外，你不可有別的神。

「不可為自己雕刻偶像；也不可做什麼形象彷彿上天、下地和地底下、水中的百物。不可跪拜那些像；也不可侍奉它，因為我耶和華你的神，是忌邪的神。恨我的，我必追討他的罪，自父及子，直到三四代；愛我、守我誡命的，我必向他們發慈愛，直到千代。

「不可妄稱耶和華你神的名；因為妄稱耶和華名的，耶和華必不以他為無罪。

「當記念安息日，守為聖日。六日要勞碌做你一切的工，但第七日是向耶和華你神當守的安息日。這一日你和你的兒女、僕婢、牲畜，並你城裡寄居的客旅，無論何工都不可做。因為六日之內，耶和華造天、地、海和其中的萬物，第七日便安息，所以耶和華賜福於安息日，定為聖日。

「當孝敬父母，使你的日子在耶和華你神所賜你的地上得以長久。

「不可殺人。

「不可姦淫。

「不可偷盜。

「不可作假見證陷害人。

「不可貪戀人的房屋；也不可貪戀人的妻子、僕婢、牛驢，並他一切所有的。」

〔出處〕

出埃及記二十章1至17節。

〔以經解經〕

誡命就是命令，十誡就是神給以色列人的十條命令，也叫做誡命，是律法的總綱。

第一誡指必須信仰獨一的眞神耶和華。

第二誡指不可祭拜偶像。華人自古有祭祖的習俗，傳之久遠。爲了遵守這條誡命，常是華人信神最大的障礙。

第三誡是指必須尊耶和華的名爲聖。馬太福音六章9節：所以，你們禱告要這樣說：我們在天上的父，願人都尊你的名爲聖。

第四誡爲守安息日。根據創世記第一章，神第一日創造光與晝夜，第二日創造空氣，第三日創造大地與海洋，第四日創造日月星辰，第五日創造飛鳥魚類，第六日創造野獸昆蟲。天地萬物都造齊了之後，到了第七日。神賜福給第七日，定爲聖日，因爲在這日神歇了他一切創造的工，就安息了。（創世記二章3節）

第五誡必須孝敬父母。

第六誡到第十誡都是針對別人的，依次爲：不可殺人，不可姦淫，不可偷盜，不可作假見證害人，不可貪戀別人的財產、妻子、僕婢等。

主耶穌說：「莫想我來要廢掉律法和先知，我來不是要廢掉，乃是要成全。」（馬太福音五章17節）。「成全」原文意思是「充實」，馬太福音21至22節，就是主耶穌對第六誡的充實。

摩西對百姓說：「不要懼怕，因為神降臨是要試驗你們，叫你們時常敬畏他，不致犯罪。」

——出埃及記二十章20節

11．主禱文

〔經文〕

所以，你們禱告要這樣說：

「我們在天上的父，

願人都尊你的名為聖，

願你的國降臨，

願你的旨意行在地上，

如同行在天上。

我們日用的飲食，今日賜給我們。

免我們的債，

如同我們免了人的債。
不叫我們遇見試探，
救我們脫離凶惡。
因為國度、權柄、榮耀，全是你的，
直到永遠。阿們！」

〔出處〕

馬太福音第六章9至13節。

〔以經解經〕

主禱文在聖經中是很重要的經文，乃是主耶穌教導門徒們怎樣去禱告的內容。禱告時並非照本宣科，而是要根據主耶穌教導的內容，逐一去禱告。

在禱告之時，聖靈會指導我們。羅馬書八章26節：況且，我們的軟弱有聖靈幫助，我們本不曉得當怎樣禱告，只是聖靈親自用說不出來的嘆息替我們禱告。

首先必須留意三個願，包括了神的名、神的國、神的旨意，願人都要尊你的名爲聖，願你的國降臨，願你的旨意行在地上，如同行在天上，這是爲神的需要而禱告。

其次，我們爲本身日用的飲食而禱告，不是仰望人賜予，而是仰望神的賜予。

第三部分是求神赦免我們的債，這包括我們得罪神、虧欠神的各種事情，求神赦免與饒恕；另外，凡是他人得罪我之處，我也都能赦免與饒恕。因爲，我若不赦免他人的罪，神也就不會赦免我的罪。

第四部分是與魔鬼撒旦有關，不叫我們遇見魔鬼的試探，救我們脫離凶惡，保守我們的信心與平安。

最後，我們是在父的國度裡禱告，當然國度、權柄與榮耀，全都是屬於父的，直到永遠。我們爲父的國度禱告，爲父的權柄禱告，爲父的榮耀禱告，一直到永永遠遠。

你們要住在我裡面，我也住在你們裡面。

——約翰福音十五章4節

12．貪戀錢財，偏離真道

〔經文〕

因為我們沒有帶什麼到世上來，也不能帶什麼去，只要有衣有食，就當知足。但那些想要發財的人，就陷在迷惑、落在網羅和許多無知有害的私慾裡，叫人沉在敗壞和滅亡中。貪財是萬惡之根。有人貪戀錢財就被引誘離了真道，用許多愁苦把自己刺透了。

〔出處〕

提摩太前書六章7至10節。

基督徒爲何不能貪戀錢財呢？原因有五：

一、積攢地上的錢財不可靠

馬太福音六章19至20節：不要爲自己積攢財寶在地上，地上有蟲子咬，能鏽壞，也有賊挖窟窿來偷；只要積攢財寶在天上，天上沒有蟲子咬，不會鏽壞，也沒有賊挖窟窿來偷。

二、基督徒不能又侍奉神，又侍奉瑪門

馬太福音六章24節：一個人不能侍奉兩個主。不是惡這個愛那個，就是重這個輕那個。你們不能又侍奉神，又侍奉瑪門（瑪門卽錢財）。

三、財寶在哪裡，心也在那裡

馬太福音六章21節：因爲你的財寶在哪裡，你的心也在哪裡。

四、侍奉瑪門會有禍

馬太福音二十三章16至17節：你們這瞎眼領路的有禍了！你們說：凡

指著殿起誓的，這算不得什麼；只是凡指著殿中金子起誓的，他就該謹守。你們這無知瞎眼的人哪！什麼是大的？是金子呢，還是叫金子成聖的殿呢？

五、財主進天國是難的

馬太福音十九章23至24節：耶穌對門徒說：「我實在告訴你們，財主進天國是難的。我又告訴你們：駱駝穿過針的眼，比財主進神的國還容易呢！」

貪愛銀子的，不因得銀子知足，
貪愛豐富的，也不因得利益知足。
——傳道書五章10節

13．神賜福謙卑的人

〔經文〕

你們年幼的，也要順服年長的。就是你們眾人也都要以謙卑束腰，彼此順服，因為：

神阻擋驕傲的人，
賜恩給謙卑的人。

所以，你們要自卑，服在神大能的手下，到了時候，他必叫你們升高。

〔出處〕

彼得前書五章5至6節。

根據箴言二十二章4節明示：敬畏耶和華心存謙卑，就得富有、尊榮、生命爲賞賜。

另外，聖經裡解說謙卑，當以腓立比書二章3至11節最爲重要：凡事不可結黨，不可貪圖虛浮的榮耀，只要存心謙卑，各人看別人比自己強。各人不要單顧自己的事，也要顧別人的事。

你們當以基督耶穌的心爲心。

他本有神的形象，不以自己與神同等爲強奪的，反倒虛己，取了奴僕的形象，成爲人的樣式；既有人的樣子，就自己卑微，存心順服，以至於死，且死在十字架上。

所以神將他升爲至高，又賜給他那超乎萬名之上的名，叫一切在天上的、地上的和地底下的，因耶穌的名無不屈膝，無不口稱耶穌基督爲主，使榮耀歸於父神。

謙卑的相反就是驕傲。箴言十六章5節：凡心裡驕傲的，為耶和華所憎惡，明示神厭惡心裡驕傲的人。

驕傲在敗壞以先，
狂心在跌倒之前。
——箴言十六章18節

輯二

14．四種恩賜

〔經文〕

我們各人的蒙恩，都是照基督所量給各人的恩賜。所以經上說：

他升上高天的時候，

擄掠了仇敵，

將各樣的恩賜賞給人。

他所賜的有使徒，有先知、有傳福音的、有牧師和教師，為要成全聖徒，各盡其職，建立基督的身體。

〔出處〕

以弗所書四章7至12節。

〔以經解經〕

除使徒外，先知、傳福音、牧師、教師等這四種都是專爲建造教會神之恩賜。（使徒是神的差遣，不是恩賜。）

使徒的原意是差遣，有負擔的基督徒被聖靈差遣出去工作，卽稱爲使徒，譬如在使徒行傳十三章1至3節與十四章1至7節中的巴拿巴和保羅。

先知的原意是「說預言」。舊約裡的先知是神所揀選專門傳達神要對人說話的人，然而舊約的先知就到施洗約翰爲止。（馬太福音十一章13節）新約裡的先知是指有先知講道之能（哥林多前書十三章2節），亦卽能明白和傳揚神眞理的人。

傳福音指傳揚福音的恩賜。

牧師是指牧養的恩賜，意思是務要牧養在你們中間神的群羊（彼得前書五章2節）。牧師的原文與牧羊人（路加福音二章8節）同一個字。

教師是指教導的恩賜，就是能把聖經的眞理傳講給衆人。

根據哥林多前書十二章28節：神在教會所設立的，第一是使徒，第二是先知，第三是教師，其次是行異能的，再次是得恩賜醫病的、幫助人的、治理事的、說方言的。

因此，神給人的恩賜，除了先知、傳福音、牧師、教師等四種以外，還有行異能、醫病、幫助人、治理事、說方言等五種。

按我們所得的恩賜，各有不同。

——羅馬書十二章6節

15．怎樣才能得永生

〔經文〕

有一個人來見耶穌說：「夫子，我該做什麼善事，才能得永生？」

耶穌對他說：「你為什麼以善事問我呢？只有一位是善的。你若要進入永生，就當遵守誡命。」

他說：「什麼誡命？」

耶穌說：「就是不可殺人，不可姦淫，不可偷盜，不可作假見證，當孝敬父母，又當愛人如己。」

那少年人說：「這一切我都遵守了，還缺少什麼呢？」

耶穌說：「你若願意做完全人，可去變賣你所有的，分給窮人，就必有財寶在天上；你還要來跟從我。」

那少年人聽見這話，就憂憂愁愁地走了，因為他的產業很多。

〔出處〕

馬太福音十九章16至22節。

〔以經解經〕

少年人問耶穌怎樣才能得永生，即如何才能得到永遠的生命。

耶穌回答他必須做三件事：

第一，遵守誡命（第10節十誡），愛人如己。

第二，變賣所有，分給窮人。馬太福音十九章29節有啓示：凡爲我的名撇下房屋或是弟兄、姐妹、父親、母親、兒女、田地的，必要得著百倍，並且承受永生。

第三，還要跟從耶穌。馬太福音十九章28節：耶穌說，我實在告訴你們，你們這跟從我的人，到復興的時候，人子坐在他榮耀的寶座上，你們也要坐在十二個寶座上，審判以色列十二個支派。

其實，永生是來自神的，約翰福音三章16節：神愛世人，甚至將他的獨生子賜給他們，叫一切信他的人，不致滅亡，反得永生。這是神的恩典。

但是進入永生必須變賣所有的家產，分給窮人，少年人做不到，一般基督徒也做不到，所以永生之門是窄的，找著的人很少。

馬太福音七章13至14節：你們要進窄門，因爲引到滅亡，那門是寬的，路是大的，進去的人也多；引到永生，那門是窄的，路是小的，找著的人也少。

耶穌說：「我就是道路、真理、生命；若不藉著我，沒有人能到父那裡去。」

——約翰福音十四章6節

16．唯獨敬虔，凡事都有益處

〔經文〕

只是要棄絕那世俗的言語和老婦荒渺的話，在敬虔上操練自己。操練身體，益處還少，唯獨敬虔，凡事都有益處，因有今生和來生的應許。

〔出處〕

提摩太前書四章7至8節。

〔以經解經〕

敬虔，指神在肉體的顯現。提摩太前書三章16節：大哉，敬虔的奧祕！

無人不以爲然，就是：神在肉身顯現，被聖靈稱義，被天使看見，被傳於外邦，被世人信服，被接在榮耀裡。

操練身體，指身體的鍛鍊、平時的運動。

來生的應許，指的是永生的應許。

此段經文的重點有三：

第一，對基督徒而言，敬虔最重要；亦即向神獻身，活出討神喜悅的生命，讓神的生命在肉身上彰顯。

哥林多前書六章19至20節：豈不知你們的身子就是聖靈的殿嗎？這聖靈是從神而來，住在你們裡頭的；並且你們不是自己的人，因爲你們是重價買來的，所以要在你們的身子上榮耀神。

至於向神獻身，請參看羅馬書十二章1節：所以弟兄們，我以神的慈悲勸你們，將身體獻上，當做活祭，是聖潔的，是神所喜悅的，你們如此侍奉，乃是理所當然的。

第二，鍛鍊身體當然有益於身心，但那不是最重要的，最重要的是在敬虔上操練自己。約翰福音六章63節：叫人活著的乃是靈，肉體是無益的。我對你們所說的話就是靈，就是生命。

第三，活出神的生命，除了有今生的應許之外，還有永生的應許。提摩太前書六章6節：然而，敬虔加上知足的心便是大利了。關於永生，請參見第15節：怎樣才能得永生。

你要為真道打那美好的仗，持定永生。

——提摩太前書六章12節

17．世人都犯了罪

〔經文〕

因為世人都犯了罪，虧缺了神的榮耀。

〔出處〕

羅馬書三章23節。

〔以經解經〕

世人到底都犯了什麼罪呢？加拉太書五章19至21節：情慾的事都是顯而易見的，就如姦淫、汙穢、邪蕩、拜偶像、邪術、仇恨、爭競、忌恨、惱怒、結黨、紛爭、異端、嫉妒、醉酒、荒宴等類。我從前告訴你們，現在又告訴你們，行這樣事的人必不能承受神的國。上述十五項都是罪。

約翰一書二章15至16節：不要愛世界和世界上的事。人若愛世界，愛父的心就不在他裡面了。因爲凡世界上的事，就像肉體的情慾、眼目的情慾、並今生的驕傲，都不是從父來的，乃是從世界來的。上述肉體的情慾、眼目的情慾、今生的驕傲也都是罪。

聖經中還有一處談到罪最爲膾炙人口，約翰福音八章3至11節：文士和法利賽人帶著一個行淫時被拿的婦人來，叫她站在當中，就對耶穌說：「夫子，這婦人是正行淫之時被拿的。摩西在律法上吩咐我們，把這樣的婦人用石頭打死，你說該把她怎麼樣呢？」他們說這話，乃試探耶穌，要得著告他的把柄。耶穌卻彎著腰用指頭在地上畫字。他們還是不住地問他，耶穌就直起腰來，對他們說：「你們中間誰是沒有罪的，誰就可以先拿石頭打她。」於是又彎著腰用指頭在地上畫字。他們聽見這話，就從老到少一個一個地都出去了，只剩下耶穌一人，還有那婦人仍然站在當中。耶穌就直起腰來，對她說：「婦人，那些人在哪裡呢？沒有人定你的罪嗎？」
她說：「主啊！沒有。」耶穌說：「我也不定你的罪，去吧！從此不要再犯罪了。」

但你們的罪孽使你們與神隔絕，
你們的罪惡使他掩面不聽你們。

——以賽亞書五十九章2節

18．十分之一的奉獻

〔經文〕

萬軍之耶和華說：「你們要將當納的十分之一全然送入倉庫，使我家有糧，以此試試我是否為你們敞開天上的窗戶，傾福於你們，甚至無處可容。」

〔出處〕

瑪拉基書三章10節。

一般教會採行十分之一的奉獻（簡稱十一奉獻）是根據摩西律法的。除了上述瑪拉基書三章10節，還有利未記二十七章30節：地上所有的，無論是地上的種子，是樹上的果子，十分之一是耶和華的，是歸給耶和華爲聖的。

關於奉獻，馬可福音十二章41至44節，有一段寡婦的奉獻：耶穌對銀庫坐著，看衆人怎樣投錢入庫。有好些財主往裡投了若干的錢。有一個窮寡婦來，往裡投了兩個小錢，就是一個大錢。耶穌叫門徒來，說：「我實在告訴你們：這窮寡婦投入庫裡的，比衆人所投的更多，因爲他們都是自己有餘，拿出來投在裡頭，但這寡婦是自己不足，把她一切養生的都投上了。」

聖經在路加福音二十一章1至4節，有類似寡婦奉獻的經文：耶穌抬頭觀看，見財主把捐項投在庫裡，又見一個窮寡婦投了兩個小錢，就說：

「我實實在在告訴你們，這窮寡婦所投的比衆人還多。因爲衆人都是自己有餘，拿出來投在捐項裡；但這寡婦是自己不足，把她一切養生的都投上了。」

從上述兩處窮寡婦奉獻的經文可知，主耶穌看重的是奉獻之人的心意，而不是看重奉獻人所奉獻的數目；可以是全部，也可以是十分之一。

奉獻還有一項重要的原則：捐得樂意。哥林多後書九章6至7節：少種的少收，多種的多收，這話是眞的。各人要隨本心所酌定的，不要作難，不要勉強，因爲捐得樂意的人是神所喜愛的。

多收的也沒有餘，
少收的也沒有缺。
——出埃及記十六章18節

19．奉我的名聚會

〔經文〕

我又告訴你們，若是你們中間有兩個人在地上同心合意地求什麼事，我在天上的父必為他們成全。因為無論在哪裡，有兩三個人奉我的名聚會，那裡就有我在他們中間。

〔出處〕

馬太福音十八章19至20節。

這一段經文非常重要，通常聚會禱告時當聚會人數稀少時，常會用到此經文。

有兩個人在地上同心合意地求什麼事，父必成全。馬太福音七章7至8節：你們祈求，就給你們；尋找，就尋見；叩門，就給你們開門。因爲凡祈求的，就得著；尋找的，就尋見；叩門的，就給他開門。

另外，耶利米書二十九章12至13節：你們要呼求我，禱告我，我就應允你們。你們尋求我，若專心尋求我，就必尋見。

再來談到奉耶穌的名聚會。

希伯來書十章24至25節：又要彼此相顧，激發愛心，勉勵行善。你們不可停止聚會，好像那些停止慣了的人，倒要彼此勸勉；既知道那日子臨近，就更當如此。

聖經在使徒行傳二章41至47節中，生動地描述會眾聚會的情景：於是，領受他話的人就受了洗。那一天，門徒約添了三千人，都恆心遵守使徒的教訓，彼此交接、擘餅、祈禱。衆人都懼怕。使徒又行了許多奇事神蹟。信的人都在一處，凡物公用；並且賣了田產、家業，照各人所需用的分給各人。他們天天同心合意恆切地在殿裡，且在家中擘餅，存著歡喜、誠實的心用飯，讚美神，得衆民的喜愛。主將得救的人天天加給他們。

你們不可停止聚會。

——希伯來書十章25節

20．禱告的力量大有功效

〔經文〕

你們中間有受苦的呢，他就該禱告；有喜樂的呢，他就該歌頌；你們中間有病了的呢，他就該請教會的長老來，他們可以奉主的名用油抹他，為他禱告。出於信心的祈禱要救那病人，主必叫他起來；他若犯了罪，也必蒙赦免。所以，你們要彼此認罪，互相代求，使你們可以得醫治。義人祈禱所發的力量是大有功效的。

〔出處〕

雅各書五章13至16節。

禱告的力量大有功效，然而下列四點必須牢記：

第一，靠著聖靈，多方禱告祈求。以弗所書六章18節：靠著聖靈，隨時多方禱告祈求，並要在此警醒不倦，爲衆聖徒祈求。

第二，憑著信心祈求。雅各書一章6至8節：只要憑著信心求，一點不疑惑；因爲那疑惑的人，就像海中的波浪，被風吹動翻騰。這樣的人，不要想從主那裡得什麼。心懷二意的人，在他一切所行的路上都沒有定見。

第三，警醒禱告。馬太福音二十六章41至42節：總要警醒禱告，免得入了迷惑，你們心靈固然願意，肉體卻軟弱了。第二次又去禱告說：「我父啊！這杯若不能離開我，必要我喝，就願你的意旨成全！」

第四，禱告要恆切。羅馬書十二章12節：在指望中要喜樂，在患難中要忍耐，禱告要恆切。

另外，即使禱告未允時，仍應恆切地禱告。詩篇六十六章18至20節：

我若心裡注重罪孽，主必不聽。但神實在聽見了，他側耳聽了我禱告的聲音。神是應當稱頌的，他並沒有推卻我的禱告，也沒有叫他的慈愛離開我。

你們禱告，無論求什麼，
只要信，就必得著。
——馬太福音二十一章22節

21．饒恕七十個七次

〔經文〕

那時彼得進前來，對耶穌說：「主啊，我弟兄得罪我，我當饒恕他幾次呢？到七次可以嗎？」耶穌說：「我對你說，不是到七次，乃是到七十個七次。」

〔出處〕

馬太福音十八章21至22節。

若弟兄得罪我，彼得認爲饒恕七次就可以了，但耶穌答覆要饒恕七十個七次。數字七是表示完全，七十個七屬靈的意思是：十倍完全的完全。

耶穌勸勉信徒要饒恕人的過犯。馬太福音六章14至15節：你們饒恕人的過犯，你們的天父也必饒恕你們的過犯。你們不饒恕人的過犯，你們的天父也必不饒恕你們的過犯。

馬可福音十一章25至26節有類似的勸勉：你們站著禱告的時候，若想起有人得罪你們，就當饒恕他，好叫你們在天上的父，也饒恕你們的過犯。你們若不饒恕人，你們在天上的父，也不饒恕你們的過犯。

另外，歌羅西書三章13節：倘若這人與那人有嫌隙，總要彼此包容，彼此饒恕；主怎樣饒恕了你們，你們也要怎樣饒恕人。

饒恕的極致就是愛。

馬太福音五章44至48節：只是我告訴你們，要愛你們的仇敵，爲那逼迫你們的禱告。這樣，就可以做你們天父的兒子，因爲他叫日頭照好人，也照歹人；降雨給義人，也給不義的人。你們若單愛那愛你們的人，有什麼賞賜呢？就是稅吏不也是這樣行嗎？你們若單請你弟兄的安，比人有什麼長處呢？就是外邦人不也是這樣行嗎？所以你們要完全，像你們的天父完全一樣。

有人打你的右臉，
連左臉也轉過來由他打。
——馬太福音五章39節

22．財主進天國是難的

〔經文〕

耶穌對門徒說：「我實在告訴你們：財主進天國是難的。我又告訴你們：駱駝穿過針的眼，比財主進神的國還容易呢！」

〔出處〕

馬太福音十九章23至24節。

〔以經解經〕

聖經在路加福音十八章24至25節，有類似的經文：耶穌看見他，就說：

「有錢財的人進神的國是何等的難哪！駱駝穿過針的眼，比財主進神的國還容易呢！」

爲何財主進天國是難的呢？經文有明示，提摩太前書六章8至10節：只要有衣有食，就當知足。但那些想要發財的人，就陷在迷惑、落在網羅和許多無知有害的私慾裡，叫人沉在敗壞和滅亡中。貪財是萬惡之根。有人貪戀錢財，就被引誘離了眞道，用許多愁苦把自己刺透了。

另外，馬太福音二十三章16至18節：你們這瞎眼領路的有禍了！你們說，凡指著殿起誓的，這算不得什麼；只是凡指著殿中金子起誓的，他就該謹守。你們這無知瞎眼的人哪！什麼是大的？是金子呢？還是叫金子成聖的殿呢？你們又說，凡指著壇起誓的，這算不得什麼；只是凡指著壇上禮物起誓的，他就該謹守。

耶穌告誡信徒，不能又侍奉神，同時又侍奉錢財。馬太福音六章24節：一個人不能侍奉兩個主。不是惡這個愛那個，就是重這個輕那個。你們不能又侍奉神，又侍奉瑪門（瑪門是錢財的意思）。
天國之門是窄的，耶穌奉勸門徒要進窄門。馬太福音七章13至14節：
你們要進窄門。因爲引到滅亡，那門是寬的，路是大的，進去的人也多；引到永生，那門是窄的，路是小的，找著的人也少。

凡稱呼我「主啊，主啊」的人，不能都進天國；
唯獨遵行我天父旨意的人，才能進去。
——馬太福音七章21節

23．撒在好土的種子，結實百倍

〔經文〕

他用比喻對他們講許多道理，說：「有一個撒種的出去撒種。撒的時候，有落在路旁的，飛鳥來吃盡了；有落在土淺石頭地上的，土既不深，發苗最快，日頭出來一曬，因為沒有根，就枯乾了；有落在荊棘裡的，荊棘長起來，把它擠住了；又有落在好土裡的，就結實，有一百倍的，有六十倍的，有三十倍的。」

〔出處〕

馬太福音十三章3至8節。

耶穌用撒種來比喻講道。

第一種是撒在路旁的。馬太福音十三章19節：凡聽見天國道理不明白的，那惡者就來，把所撒在他心裡的奪了去，這就是撒在路旁的了。路加福音八章12節：那些在路旁的，就是人聽了道，隨後魔鬼來，從他們心裡把道奪去，恐怕他們信了得救。

第二種是撒在石頭地上的。馬太福音十三章20至21節：撒在石頭地上的，就是人聽了道，當下歡喜領受，只因心裡沒有根，不過是暫時的，及至爲道遭了患難，或是受了逼迫，立刻就跌倒了。路加福音八章13節：那些在磐石上的，就是人聽道，歡喜領受，但心中沒有根，不過暫時相信，及至遇見試煉就退後了。

第三種是撒在荊棘裡的。馬太福音十三章22節：撒在荊棘裡的，就是人聽了道，後來有世上的思慮、錢財的迷惑，把道擠住了，不能結實。路加福音八章14節：那落在荊棘裡的，就是人聽了道，走開以後，被今生的思慮、錢財、宴樂擠住了，便結不出成熟的子粒來。

第三種是撒在好土裡的。馬太福音十三章23節：撒在好地上的，就是人聽道明白了，後來結實，有一百倍的，有六十倍的，有三十倍的。路加福音八章15節：那落在好土裡的，就是人聽了道，持守在誠實、善良的心裡，並且忍耐著結實。

爲何落在好土裡的種子結實，有三十倍、六十倍、甚至一百倍呢？因爲出於神的話，沒有一句不帶能力的。（路加福音一章37節）而且神的道不但有功效又深入骨髓，希伯來書四章12節：神的道是活潑的，是有功效的，比一切兩刃的劍更快，甚至魂與靈、骨節與骨髓，都能刺入、剖開，連心中的思念和主意都能辨明。

可見信道是從聽道來的，聽道是從基督的話來的。

——羅馬書十章17節

24．暗中施捨，主必報答

〔經文〕

你們要小心，不可將善事行在人的面前，故意叫他們看見；若是這樣，就不能得你們天父的賞賜了。所以，你施捨的時候，不可在你面前吹號，像那假冒為善的人，在會堂裡和街道上所行的，故意要得人的榮耀。我實在告訴你們，他們已經得了他們的賞賜。你施捨的時候，不要叫左手知道右手所做的；要叫你施捨的事行在暗中，你父在暗中察看，必然報答你。

〔出處〕

馬太福音六章1至4節。

此處所指假冒爲善的人，乃是文士與法利賽人，他們的諸般行爲如下：

一、禱告的時候，愛站在會堂裡和十字路口上禱告，故意叫人看見。（馬太福音六章5節）

二、禱告的時候，用許多重複話，他們以爲話多了必蒙垂聽。（馬太福音六章7節）

三、禁食的時候，臉上帶著愁容，故意叫人看出他們是禁食。（馬太福音六章16節）

四、他們把難擔的重擔綑起來擱在人的肩上，但自己一個指頭也不肯動。（馬太福音二十三章4節）

五、他們一切所做的事都是要叫人看見，所以將配戴的經文做寬了，衣裳的穗子做長了。（馬太福音二十三章5節）

六、喜愛筵席上的首座，會堂裡的高位。（馬太福音二十三章6節）

七、又喜愛人在街市上問他安，稱呼他「拉比」（拉比就是夫子）。（馬太福音二十三章7節）

馬太福音二十三節8至10節說明不要稱呼拉比與父的緣由：但你們不要受拉比的稱呼，因爲只有一位是你們的夫子，你們都是弟兄；也不要稱呼地上的人爲父，因爲只有一位是你們的父，就是在天上的父；也不要受師尊的稱呼，因爲只有一位是你們的師尊，就是基督。

凡自高的，必降為卑；自卑的，必升為高。

——馬太福音二十三節12節

25．耶和華是我的牧者

〔經文〕

耶和華是我的牧者，
我必不致缺乏。
他使我躺臥在青草地上，
領我在可安歇的水邊；
他使我的靈魂甦醒，
為自己的名引導我走義路。
我雖然行過死蔭的幽谷，
也不怕遭害，

因為你與我同在，
你的杖、你的竿都安慰我。
在我敵人面前，你為我擺設筵席；
你用油膏了我的頭，使我的福杯滿溢。
我一生一世必有恩惠、慈愛隨著我，
我且要住在耶和華的殿中，直到永遠。

〔出處〕

詩篇二十三章1至6節。

〔以經解經〕

這是聖經中非常著名的詩篇二十三章，文字優美，意義深遠，很多基督徒都能背誦下來。

耶和華是我的牧者。以弗所書四章4至6節：身體只有一個，聖靈只有一個，正如你們蒙召，同有一個指望；一主，一信，一洗，一神，就是眾人的父，超乎眾人之上，貫乎眾人之中，也住在眾人之內。一主是主耶穌，一信是信耶穌爲主，一洗是受洗歸入同一位基督，一神就是天父。

我必不致缺乏。申命記二章7節：因爲耶和華你的神，在你手裡所辦的一切事上，已賜福於你。你走這大曠野，他都知道了。這四十年，耶和華你的神常與你同在，故此你一無所缺。

我雖然行過死蔭的幽谷，也不怕遭害，因爲你與我同在。約書亞記一章9節：我豈沒有吩咐你嗎？你當剛強壯膽！不要懼怕，也不要驚惶，因爲你無論往哪裡去，耶和華你的神必與你同在。

以賽亞書四十三章2節：你從水中經過，我必與你同在；你趟過江河，水必不漫過你；你從火中行過，必不被燒，火焰也不著在你身上。

在敵人面前你爲我擺設筵席。這與馬太福音五章44至45節有異曲同工之妙：只是我告訴你們，要愛你們的仇敵，爲那逼迫你們的禱告。這樣，就可以做你們天父的兒子，因爲他叫日頭照好人，也照歹人，降雨給義人，也給不義的人。

詩篇中的珍珠。

——佚名

26．僕人領袖

〔經文〕

只是在你們中間不可這樣。你們中間誰願為大，就必做你們的佣人；誰願為首，就必做你們的僕人。正如人子來，不是要受人的服事，乃是要服事人，並且要捨命，作為人的贖價。

〔出處〕

馬太福音二十章26至28節。

耶穌對僕人領袖的教導，最著名的當屬約翰福音十三章2至17節。

耶穌知道父已將萬有交在他手裡，且知道自己是從神出來的，又要歸到神那裡去，就離席站起來脫了衣服，拿一條手巾束腰。隨後把水倒在盆裡，就洗門徒的腳，並用自己所束的手巾擦乾。挨到西門彼得，彼得對他說：「主啊，你洗我的腳嗎？」耶穌回答說：「我所做的，你如今不知道，後來必明白。」彼得說：「你永不可洗我的腳。」耶穌說：「我若不洗你，你與我無份了。」西門彼得說：「主啊！不但我的腳，連手和頭也要洗。」耶穌說：「凡洗過澡的人，只要把腳一洗，全身都乾淨了；你們是乾淨的，然而不都是乾淨的。」耶穌原知道要賣他的是誰，所以說：「你們不都是乾淨的。」

耶穌洗完了他們的腳，就穿上衣服，又坐下，對他們說：「我向你們所做的，你們明白嗎？你們稱呼我夫子，稱呼我主，你們說得不錯，我本來是。我是你們的主，你們的夫子，尚且洗你們的腳，你們也當彼此洗腳。
我給你們做了榜樣，叫你們照著我向你們所做的去做。我實實在在地告訴
你們，僕人不能大於主人，差人也不能大於差他的人。你們既知道這事，
若是去行就有福了。」

我的僕人行事必有智慧，
必被高舉上升，
且成為至高。
——以賽亞書五十二章13節

輯三

27．一粒麥子

【經文】

一粒麥子不落在地裡死了，仍舊是一粒；若是死了，就結出許多子粒來。愛惜自己生命的，就失喪生命；在這世上恨惡自己生命的，就要保守生命到永生。

【出處】

約翰福音十二章24至25節。

這是一段非常著名的經文，分兩段來解說。

先說十二章24節。我們人的生命就好比在麥子裡面的種子，麥子的外面有一層堅硬的外殼，這一層外殼不裂開的話，種子出不來，麥子就不能生長。

一粒麥子長在麥穗上永遠是一粒麥子，只有死了，掉落在地上，由於地面上的溫度與水分起了作用，使麥子的外殼裂開，這粒麥子才能生根發芽，逐漸長出來。關鍵就在：麥子死了，外面的硬殼裂開了，新生命得以展開。

再看十二章25節。

人若愛惜自己的生命，就要失喪生命；人若恨惡自己生命的，就要保守生命到永生。主耶穌在這裡告訴我們：硬殼外面的就是人自己的生命，而硬殼裡面的生命乃是他賜給我們永生的生命。如果要讓裡面永生的生命活出來，硬殼外面自己的生命非失喪不可。

馬太福音十章34至39節，解釋得非常清楚：

你們不要想，我來是叫地上太平，我來並不是叫地上太平，乃是叫地上動刀兵。因爲我來是叫人與父親生疏，女兒與母親生疏，媳婦與婆婆生疏。人的仇敵就是自己家裡的人。愛父母過於愛我的，不配做我的門徒；愛兒女過於愛我的，不配做我的門徒；不背著他的十字架跟從我的，也不配做我的門徒。得著生命的，將要失喪生命；爲我失喪生命的，將要得著生命。

凡為我的名撇下房屋或是弟兄、姐妹、父親、母親、兒女、田地的，必要得著百倍，並且承受永生。

——馬太福音十九章29節

28．人子沒有枕頭的地方

【經文】

耶穌說：「狐狸有洞，天空的飛鳥有窩，只是人子沒有枕頭的地方。」

【出處】

路加福音九章58節。

【以經解經】

主耶穌傳道時是拋棄一切，一無所有的。

先看路加福音九章57至62節：他們走路的時候，有一人對耶穌說：「你無論往哪裡去，我要跟從你。」耶穌說：「狐狸有洞，天空的飛鳥有窩，只是人子沒有枕頭的地方。」又對一個人說：「跟從我來！」那人說：「主，容我先回去埋葬我的父親。」耶穌說：「任憑死人埋葬他們的死人，你只管去傳揚神國的道。」又有一人說：「主，我要跟從你，但容我先去辭別我家裡的人。」耶穌說：「手扶著犁向後看的，不配進神的國。」

我們再讀路加福音十四章25至33節：有極多的人和耶穌同行。他轉過來對他們說：「人到我這裡來，若不愛我勝過愛自己的父母、妻子、兒女、弟兄、姐妹和自己的性命，就不能做我的門徒；凡不背著自己十字架跟從我的，也不能做我的門徒。你們哪一個要蓋一座樓，不先坐下算計花費，能蓋成不能呢？恐怕安了地基，不能成功，看見的人都笑話他說：『這個人開了工，卻不能完工。』或是一個王出去和別的王打仗，豈不先坐下酌量，能用一萬兵去敵那領二萬兵來攻打他的嗎？若是不能，就趁敵人還遠的時候，派使者去求和息的條款。這樣，你們無論什麼人，若不撇下一切所有的，就不能做我的門徒。

繼續讀路加福音十八章28至30節。

彼得說：「看哪，我們已經撇下自己所有的跟從你了。」耶穌說：「我實在告訴你們，人爲神的國撇下房屋或是妻子、弟兄、父母、兒女，沒有在今世不得百倍，在來世不得永生的。」

神為愛他的人所預備的，是眼睛未曾看見，耳朵未曾聽見，人心也未曾想到的。

——哥林多前書二章9節

29．兩條大誡命

〔經文〕

法利賽人聽見耶穌堵住了撒都該人的口，他們就聚集。內中有一個人是律法師，要試探耶穌，就問他說：「夫子，律法上的誡命，哪一條是最大的呢？」耶穌對他說：「你要盡心、盡性、盡意愛主你的神。這是誡命中的第一，且是最大的。其次也相仿，就是要愛人如己。這兩條誡命是律法和先知一切道理的總綱。」

〔出處〕

馬太福音二十二章34至40節。

法利賽人的律法師是精通律法的，以色列的律法包括誡命、典章及律例。律法師拿誡命來試探耶穌。

神給以色列人的誡命一共有十條，稱之爲十誡，包括：一、必須信仰獨一的眞神耶和華，二、不可祭拜偶像，三、必須尊耶和華的名爲聖，四、守安息日，五、孝敬父母，六、不可殺人，七、不可姦淫，八、不可偷盜，九、不可作假見證，十、不可貪戀別人財產、妻子、僕婢等。

十條誡命區分爲對神的前四條和對人的後六條。前四條總結來說就是「要盡心、盡性、盡意，愛主你的神」，後六條總結來說就是「要愛人如己」。總結的這兩條誡命當然就是律法和先知一切道理的總綱。

馬可福音十二章30至31節有類似的經文：你要盡心、盡性、盡意、盡力愛主你的神。其次就是說，要愛人如己。再沒有比這兩條誡命更大的了。

馬可福音比馬太福音多了「盡力」。盡心是用盡了心，盡性是用盡了感情，盡意是用盡了意念，盡力是用盡了一切的力量。總之，就是用盡了一切去愛主你的神。

再沒有比這兩條誡命更大的了。

——馬可福音十二章31節

30．世上的鹽和光

〔經文〕

你們是世上的鹽。鹽若失了味，怎能叫它再鹹呢？以後無用，不過丟在外面，被人踐踏了。你們是世上的光。城造在山上，是不能隱藏的。人點燈，不放在斗底下，是放在燈臺上，就照亮一家的人。你們的光也當這樣照在人前，叫他們看見你們的好行為，便將榮耀歸給你們在天上的父。

〔出處〕

馬太福音五章13至16節。

此處的鹽是指好性情而言，歌羅西書四章6節：你們的言語要常常帶著和氣，好像用鹽調和，就可知道該怎樣回答各人。

基督徒有了神的生命之後，必會呈現出登山寶訓中所說的虛心、哀慟、溫柔、飢渴慕義、憐恤人、清心、使人和睦等好性情，此種好性情乃是鹽的味道，旁人是能嚐得到的。

基督徒若不能活出神的生命，就像枝子不在葡萄樹上，這時鹽就失了味，如同約翰福音十五章6節所言：人若不住在我裡面，就像枝子丟在外面枯乾，人拾起來，扔在火裡燒了。亦如希伯來書六章8節所言：若長荊棘和蒺藜，必被廢棄，近於咒詛，結局就是焚燒。

馬可福音九章49至50節勸勉基督徒：因爲必用火當鹽醃各人。鹽本是好的，若失了味，可用什麼叫它再鹹呢？

此處的光是指好行爲而言。

光不但能照亮黑暗裡的人，而且也能彰顯人的不義和罪。光更能定人的罪，使人因自責而分辨出善惡，行出好的行爲。

基督徒從神得到的生命本質就是鹽和光。而基督徒或吃或喝，無論做什麼，都要爲榮耀神而行。（哥林多前書十章31節）

耶穌對眾人說：「我是世界的光，跟從我的，就不在黑暗裡走，必要得著生命之光。」

——約翰福音八章12節

31．信可移山

〔經文〕

門徒暗暗地到耶穌跟前說：「我們為什麼不能趕出那鬼呢？」耶穌說：「是因你們的信小。我實在告訴你們：你們若有信像一粒芥菜種，就是對這座山說：『你從這邊挪到那邊』，它也必挪去，並且你們沒有一件不能做的事了。」

〔出處〕

馬太福音十七章19至20節。

這是耶穌在馬太福音中，斥責一個正在醫治被鬼附身孩子之門徒，並治好了被鬼附身的孩子之經過。我們先看此經文前面的一段經文。

馬太福音十七章14至18節：耶穌和門徒到了眾人那裡，有一個人來見耶穌，跪下，說：「主啊！憐憫我的兒子！他害癲癇的病很苦，屢次跌在火裡，屢次跌在水裡。我帶他到你門徒那裡，他們卻不能醫治他。」耶穌說：「唉！這又不信，又悖謬的世代啊，我在你們這裡要到幾時呢？我忍耐你們要到幾時呢？把他帶到我這裡來吧！」耶穌斥責那鬼，鬼就出來，從此孩子就痊癒了。

馬太福音十七章20節中，和合本聖經譯成「信心」是錯誤的，應譯成「信」才正確。此處指對主耶穌的「信」可移山。

馬太福音二十一章21至22節，對於「信」的問題說得比較正確：耶穌回答說：「我實在告訴你們：你們若有信心，不疑惑，不但能行無花果樹上所行的事，就是對這座山說：『你挪開此地，投在海裡！』也必成就。你們禱告，無論求什麼，只要信，就必得著。」

路加福音十七章5至6節，也有提到關於「信」的經文：使徒對主說：「求主加增我們的信！」主說：「你們若有信像一粒芥菜種，就是對這棵桑樹說，你要拔起來，栽在海裡，它也必聽從你們。」

信就是所望之事的實底，
是未見之事的確據。
——希伯來書十一章1節

32．管好自己的舌頭

〔經文〕

原來我們在許多事上都有過失。若有人在話語上沒有過失，他就是完全人，也能勒住自己的全身。我們若把嚼環放在馬嘴裡，叫牠順服，就能調動牠的全身。看哪！船隻雖然甚大，又被大風催逼，只用小小的舵，就隨著掌舵的意思轉動。這樣，舌頭在百體裡也是最小的，卻能說大話。

〔出處〕

雅各書三章2至5節。

雅各書三章5至8節中對舌頭的危害有生動地描述：看哪！最小的火能點著最大的樹林。舌頭就是火，在我們百體中，舌頭是個罪惡的世界，能汙穢全身，也能把生命的輪子點起來，並且是從地獄裡點著的。各類的走獸、飛禽、昆蟲、水族本來都可以制伏，也已經被人制伏了；唯獨舌頭沒有人能制伏，是不止息的惡物，滿了害死人的毒氣。

舌頭還能同時擁有頌讚和咒詛的功能，雅各書三章9至12節：我們用舌頭頌讚那爲主、爲父的，又用舌頭咒詛那照著神形象被造的人。頌讚和咒詛從一個口裡出來，我的弟兄們，這是不應該的。泉源從一個眼裡能發出甜苦兩樣的水嗎？我的弟兄們，無花果樹能生橄欖嗎？葡萄樹能結無花果嗎？鹹水裡也不能發出甜水來。

耶穌在馬太福音七章1至5節告誡我們不要用口去論斷人：「你們不要論斷人，免得你們被論斷。因爲你們怎樣論斷人，也必怎樣被論斷；你們用什麼量器量給人，也必用什麼量器量給你們。爲什麼看見你弟兄眼中有刺，卻不想自己眼中有梁木呢？你自己眼中有梁木，怎樣對你弟兄說『容我去掉你眼中的刺呢？』你這假冒爲善的人！先去掉自己眼中的梁木，然後才能看得清楚，去掉你弟兄眼中的刺。」

汙穢的言語，一句不可出口，
只要隨事說造就人的好話，叫聽見的人得益處。
——以弗所書四章29節

33．聖餐

〔經文〕

我當日傳給你們的，原是從主領受的，就是主耶穌被賣的那一夜，拿起餅來，祝謝了，就擘開，說：「這是我的身體，為你們捨的。你們應當如此行，為的是記念我。」飯後，也照樣拿起杯來，說：「這杯是用我的血所立的新約。你們每逢喝的時候，要如此行，為的是記念我。」你們每逢吃這餅、喝這杯，是表明主的死，直等到他來。

〔出處〕

哥林多前書十一章23至26節。

上述的經文是保羅在哥林多教會，對教會兄弟說明了聖餐設立的由來。

保羅在哥林多前書十一章17至22節，嚴正批評混亂聖餐的人：我現今吩咐你們的話，不是稱讚你們，因爲你們聚會不是受益，乃是招損。第一，我聽說，你們聚會的時候彼此分門別類，我也稍微地信這話。在你們中間不免有分門結黨的事，好叫那些有經驗的人顯明出來。叫你們聚會的時候，算不得吃主的晚餐；因爲吃的時候，各人先吃自己的飯，甚至這個飢餓，那個酒醉。你們要吃喝，難道沒有家嗎？還是藐視神的教會，叫那沒有的羞愧呢？我向你們可怎麼說呢？可因此稱讚你們嗎？我不稱讚。

保羅在哥林多前書十一章27至29節中，甚至表示若情況嚴重就是吃喝自己的罪：所以，無論何人不按理吃主的餅、喝主的杯，就是干犯主的身、主的血了。人應當省察，然後吃這餅、喝這杯。因爲人吃喝，若不分辨是主的身體，就是吃喝自己的罪了。

馬太福音廿六章26至28節有類似的述說：他們吃的時候，耶穌拿起餅來，祝福，就擘開，遞給門徒，說：「你們拿著吃，這是我的身體。」又拿起杯來，祝謝了，遞給他們，說：「你們都喝這個，因爲這是我立約的血，爲多人流出來，使罪得赦。」

七日的第一日，我們聚會擘餅的時候，保羅因為要次日起行，就與他們講論，直講到半夜。

——使徒行傳二十章7節

34．施比受更有福

〔經文〕

我凡事給你們做榜樣，叫你們知道應當這樣勞苦，扶助軟弱的人，又當記念主耶穌的話，說：「施比受更為有福。」

〔出處〕

使徒行傳二十章35節。

〔以經解經〕

關於「施比受更爲有福」，哥林多後書九章8至12節解說得精闢：神能將各樣的恩惠多多地加給你們，使你們凡事常常充足，能多行各樣善事。如經上所記「他施捨錢財，周濟貧窮，他的仁義存到永遠。」那賜種給撒種的，賜糧給人吃的，必多多加給你們種地的種子，又增添你們仁義的果子，叫你們凡事富足，可以多多施捨，就藉著我們使感謝歸於神。因爲辦這供給的事，不但補聖徒的缺乏，而且叫許多人越發感謝神。

另外在使徒行傳四章32至35節描述出衆人幸福生活的景象：那許多信的人都是一心一意的，沒有一人說他的東西有一樣是自己的，都是大家公用。使徒大有能力，見證主耶穌復活，衆人也都蒙大恩。內中也沒有一個缺乏的，因爲人人將田產房屋都賣了，把所賣的價銀拿來，放在使徒腳前，照各人所需用的，分給各人。

還有使徒行傳二章43至47節中，我們也看到信徒生活的狀況：衆人都懼怕。使徒又行了許多奇事神蹟。信的人都在一起，凡物公用，並且賣了田產、家業，照各人所需用的分給各人。他們天天同心合意恆切地在殿裡，且在家中擘餅，存著歡喜誠實的心用飯，讚美神，得眾民的喜愛。主將得救的人天天加給他們。

凡事都可行，但不都有益處；凡事都可行，但不都造就人。無論何人，不要求自己的益處，乃要求別人的益處。

——哥林多前書十章23至24節

35．聖靈與肉體的爭戰

〔經文〕

我也知道在我裡頭，就是我肉體之中，沒有良善。因為立志為善由得我，只是行出來由不得我。故此，我所願意的善，我反不做；我所不願意的惡，我倒去做。

〔出處〕

羅馬書七章18至19節。

關於聖靈與肉體的爭戰，加拉太書五章16至18節解說得非常精闢：我說，你們當順著聖靈而行，就不放縱肉體的情慾了。因爲肉體和聖靈相爭，聖靈和肉體相爭，這兩個是彼此相敵，使你們不能做所願意做的。但你們若被聖靈引導，就不在律法以下。

另外，關於肉體的事與聖靈所結的果子，在加拉太書五章19至25節中有詳細地解說：肉體的事都是顯而易見的，就如姦淫、汙穢、邪蕩、拜偶像、邪術、仇恨、爭競、忌恨、惱怒、結黨、紛爭、異端、嫉妒、醉酒、荒宴等類，我從前告訴你們，現在又告訴你們，行這樣事的人必不能承受神的國。聖靈所結的果子，就是仁愛（原文是愛）、喜樂、和平（原文是平安）、忍耐、恩慈、良善、信實、溫柔、節制；這樣的事沒有律法禁止。凡屬基督耶穌的人，是已經把肉體連肉體的邪情私慾同釘在十字架上了。我們若是靠聖靈得生，就當靠聖靈行事。

關於肉體與聖靈的爭戰，羅馬書八章5至9節有精闢的說明：因爲隨從肉體的人思念肉體的事，隨從聖靈的人思念聖靈的事。思念肉體的就是死，思念聖靈的乃是生命平安。原來思念肉體的，就是與神爲仇，因爲不服從神的律法，也是不能服。而且屬肉體的人不能得神的喜歡。如果神的靈住在你們心裡，你們就不屬肉體，乃屬聖靈了。

人若沒有基督的靈，就不是屬基督的。

——羅馬書八章9節

36．神的道刺入骨髓

〔經文〕

神的道是活潑的，是有功效的，比一切兩刃的劍更快，甚至魂與靈、骨節與骨髓，都能刺入、剖開，連心中的思念和主意都能辨明。並且被造的沒有一樣在他面前不顯然的。原來萬物在那與我們有關係的主眼前，都是赤露敞開的。

〔出處〕

希伯來書四章12至13節。

爲何神的道能刺入骨髓呢？腓立比書四章12至13節有明示：我知道怎樣處卑賤，也知道怎樣處豐富，或飽足、或飢餓，或有餘、或缺乏，隨事隨在，我都得了祕訣。我靠著那加給我力量的，凡事都能做。

我們再看提摩太後書三章14至17節：但你所學習的、所確信的，要存在心裡，因爲你知道是跟誰學的；並且知道是從小明白聖經，這聖經能使你因信基督耶穌有得救的智慧。聖經都是神所默示的，於教訓、督責、使人歸正、教導人學義都是有益的，叫屬神的人得以完全，預備行各樣的善事。

我們再看看神爲愛他的人所預備的有多麼豐富。

哥林多前書二章9節：神爲愛他的人所預備的，是眼睛未曾看見，耳朵未曾聽見，人心也未曾想到的。

雅各書一章5至7節：你們中間若有缺少智慧的，應當求那厚賜於衆人、也不斥責人的神，主就必賜給他。只要憑著信心求，一點不疑惑；因爲那疑惑的人，就像海中的波浪，被風吹動翻騰。這樣的人不要想從主那裡得什麼。

以弗所書三章20節：神能照著運行在我們心裡的大力，充充足足地成就一切，超過我們所求所想的。

因為出於神的話，沒有一句不帶能力的。

——路加福音一章37節

37．患難中有歡喜

〔經文〕

不但如此，就是在患難中也是歡歡喜喜的。因為知道患難生忍耐，忍耐生歷練（老練），歷練（老練）生盼望，盼望不至於羞恥，因為所賜給我們的聖靈將神的愛澆灌在我們心裡。

〔出處〕

羅馬書五章3至5節

〔以經解經〕

爲何在患難中能有歡喜呢？因爲能得神的安慰。哥林多後書一章4至6節：我們在一切患難中，他就安慰我們，叫我們能用神所賜的安慰去安慰那遭各樣患難的人。我們既多受基督的苦楚，就靠基督多得安慰。我們受患難呢，是爲叫你們得安慰、得拯救；我們得安慰呢，也是爲叫你們得安慰。這安慰能叫你們忍受我們所受的那樣苦楚。

此處羅馬書五章4節，DARBY的原文是and endurance，experience；and experience，hope.，譯成「忍耐生歷練，歷練生盼望」比「忍耐生老練，老練生盼望」更爲精準。

還有，人爲何在患難中能生忍耐，忍耐中能生歷練，歷練又能生出盼望來呢？因爲患難中的試探是神叫人能忍受得住的。

哥林多前書十章13節：你們所遇見的試探，無非是人所能受的。神是信實的，必不叫你們受試探過於所能受的；在受試探的時候，總要給你們開一條出路，叫你們能忍受得住。

另外，忍受試探的人是有福的。

雅各書一章12至17節：忍受試探的人是有福的，因爲他經過試驗以後，必得生命的冠冕，這是主應許給那些愛他之人的。人被試探，不可說，我是被神試探；因爲神不能被惡試探，他也不試探人。但各人被試探，乃是被自己的私慾牽引、誘惑的。私慾既懷了胎，就生出罪來；罪既長成，就生出死來。我親愛的弟兄們，不要看錯了。各樣美善的恩賜和各樣全備的賞賜都是從上頭來的，從衆光之父那裡降下來的。

但你們若因行善受苦，能忍耐，
這在神看是可喜愛的。
——彼得前書二章20節

38．我是葡萄樹，你們是枝子

〔經文〕

你們要住（常）在我裡面，我也住（常）在你們裡面。枝子若不住（常）在葡萄樹上，自己就不能結果子；你們若不住（常）在我裡面，也是這樣。我是葡萄樹，你們是枝子；住（常）在我裡面的，我也住（常）在他裡面，這人就多結果子；因為離了我，你們就不能做什麼。

〔出處〕

約翰福音十五章4至5節。

葡萄樹指的是主耶穌，枝子指的是信徒。

這在約翰福音十五章1至2節說明得很清楚：我是眞葡萄樹，我父是栽培的人。凡屬我不結果子的枝子，他就剪去；凡結果子的，他就修理乾淨，使枝子結果子更多。

此處約翰福音十五章4至5節，DARBY的原文是abide in，翻譯成「住」比「常」正確。

我們再看約翰福音十五章6至8節：人若不住（常）在我裡面，就像枝子丟在外面枯乾，人拾起來，扔在火裡燒了。你們若住（常）在我裡面，我的話也住（常）在你們裡面；凡你們所願意的，祈求就給你們成就。你們多結果子，我父就因此得榮耀，你們也就是我的門徒了。

不論主耶穌或門徒都不屬世界。

約翰福音十七章14至19節：我已將你的話（道）賜給他們，世界又恨他們，因爲他們不屬世界，正如我不屬世界一樣。我不求你叫他們離開世界，只求你保守他們脫離那惡者。他們不屬世界，正如我不屬世界一樣。求你用眞理使他們成聖，你的話（道）就是眞理。你怎樣差我到世上，我也照樣差他們到世上。我爲他們的緣故，自己分別成聖，叫他們也因眞理成聖。（此處約翰福音十七章14至19節，DARBY的原文是thy word，翻譯成「話」比「道」正確。）

不要效法這個世界，只要心意更新而變化，
叫你們察驗何為神的善良、純全、可喜悅的旨意。

——羅馬書十二章2節

39．因信稱義

〔經文〕

既知道人稱義不是因行律法，乃是因信耶穌基督，連我們也信了基督耶穌，使我們因信基督稱義，不因行律法稱義，因為凡有血氣的，沒有一人因行律法稱義。

〔出處〕

加拉太書二章16節。

每個基督徒都是因信稱義，亦卽口裡承認，心裡相信卽可得救，下一段的經文已經解釋得非常清楚。

羅馬書十章9至11節：你若口裡認耶穌爲主，心裡信神叫他從死裡復活，就必得救。因爲人心裡相信，就可以稱義；口裡承認，就可以得救。經上說：「凡信他的人，必不至於羞愧。」

以弗所書二章8至9節說得更清楚：你們得救是本乎恩，也因著信；這並不是出於自己，乃是神所賜的；也不是出於行爲，免得有人自誇。

因信稱義之後，就要脫去舊人穿上新人了。以弗所書四章21至24節：如果你們聽過他的道，領了他的教，學了他的眞理，就要脫去你們從前行爲上的舊人，這舊人是因私慾的迷惑漸漸變壞的。又要將你們的心志改換一新，並且穿上新人，這新人是照著神的形象造的，有眞理的仁義和聖潔。

哥林多後書五章17節說得更清楚：若有人在基督裡，他就是新造的人，舊事已過，都變成新的了。

至於接受浸禮乃是事後的確認。

羅馬書六章3至6節：豈不知我們這受浸（洗）歸入基督耶穌的人，是受浸（洗）歸入他的死嗎？所以，我們藉著浸（洗）禮歸入死，和他一同埋葬，原是叫我們一舉一動有新生的樣式，像基督藉著父的榮耀從死裡復活一樣。我們若在他死的形狀上與他聯合，也要在他復活的形狀上與他聯合。

此處羅馬書六章3至6節，DARBY的原文 have been baptized 是浸入水中，這一段翻譯成「受浸」與「浸禮」比「受洗」與「洗禮」準確。

一主，一信，一洗，一神，就是眾人的父，
超乎眾人之上，貫乎眾人之中，也住在眾人之內。
——以弗所書四章5至6節

輯四

40．大使命

〔經文〕

所以，你們要去，使萬民做我的門徒，奉父、子、聖靈的名給他們施洗。凡我所吩咐你們的，都教訓他們遵守，我就常與你們同在，直到世界的末了。

〔出處〕

馬太福音二十八章19至20節。

施洗就是施行受浸禮。

使徒行傳二章37至42節中，有一段三千人受浸的場面：衆人聽見這話，覺得扎心，就對彼得和其餘的使徒說：「弟兄們，我們當怎樣行？」彼得說：「你們各人要悔改，奉耶穌基督的名受浸（洗），叫你們的罪得赦，就必領受所賜的聖靈；因爲這應許是給你們和你們的兒女，並一切在遠方的人，就是主我們神所召來的。」彼得還用許多話作見證，勸勉他們說：「你們當救自己脫離這彎曲的世代。」於是，領受他話的人就受了浸（洗）。那一天，門徒約添了三千人，都恆心遵守使徒的教訓，彼此交接、擘餅、祈禱。

至於受浸（洗）的意義，在羅馬書六章3至10節解釋得非常精闢：豈不知我們這受浸（洗）歸入基督耶穌的人，是受浸（洗）歸入他的死嗎？所以，我們藉著浸（洗）禮歸入死，和他一同埋葬，原是叫我們一舉一動有新生的樣式，像基督藉著父的榮耀從死裡復活一樣。我們若在他死的形狀上與他聯合，也要在他復活的形狀上與他聯合。因爲知道，我們的歸入和他同釘十字架，使罪身滅絕，叫我們不再做罪的奴僕。因爲已死的人是脫離了罪，我們若是與基督同死，就信必與他同活。因爲知道，基督既從死裡復活，就不再死，死也不再做他的主了。他死，是向罪死了，只有一次；他活，是向神活著。

爲何要翻譯爲浸禮，而不是洗禮，受浸而不是受洗，因DARBY的原文have been baptized是浸入水中，故「浸禮」與「受浸」比「洗禮」與「受洗」準確。

這樣，你們向罪也當看自己是死的；
向神，在基督耶穌裡，卻當看自己是活的。

——羅馬書六章11節

41．保羅誇耀自己的軟弱

〔經文〕

為這人，我要誇口；但是為我自己，除了我的軟弱以外，我並不誇口。我就是願意誇口，也不算狂，因為我必說實話；只是我禁止不說，恐怕有人把我看高了，過於他在我身上所看見、所聽見的。

〔出處〕

哥林多後書十二章5至6節。

主耶穌唯恐保羅過於自高，故意放一根刺在他身上。哥林多後書十二章7至9節：又恐怕我因所得的啓示甚大，就過於自高，所以有一根刺加在我肉體上，就是撒旦的差役要攻擊我，免得我過於自高。爲這事，我三次求過主，叫這刺離開我。他對我說：「我的恩典夠你用的，因爲我的能力是在人的軟弱上顯得完全。」所以，我更喜歡誇自己的軟弱，好叫基督的能力覆庇我。

保羅一生遭遇悲慘。哥林多後書十一章23至30節：我比他們多受勞苦、多下監牢，受鞭打是過重的，冒死是屢次有的。被猶太人鞭打五次，每次四十，減去一下；被棍打了三次，被石頭打了一次，遇著船壞三次，一晝一夜在深海裡。又屢次行遠路，遭江河的危險、盜賊的危險、同族的危險、外邦人的危險、城裡的危險、曠野的危險、海中的危險、假弟兄的危險。受勞碌、受困苦，多次不得睡，又飢又渴；多次不得食，受寒冷，赤身露體。

除了這外面的事，還有爲衆教會掛心的事，天天壓在我身上。有誰軟弱我不軟弱呢？有誰跌倒我不焦急呢？我若必須自誇，就誇那關乎我軟弱的事便了。

我為基督的緣故，就以軟弱、凌辱、急難、逼迫、困苦為可喜樂的，因我什麼時候軟弱，什麼時候就剛強了。

——哥林多後書十二章10節

42．與魔鬼的爭戰

〔經文〕

務要謹守、警醒，因為你們的仇敵魔鬼，如同吼叫的獅子，遍地遊行，尋找可吞吃的人。

〔出處〕

彼得前書五章8至9節。

〔以經解經〕

我們與魔鬼的爭戰無所不在，看看主耶穌如何受魔鬼的試探。

路加福音四章1至8節：耶穌被聖靈充滿，從約旦河回來，聖靈將他引到曠野，四十天受魔鬼的試探。那些日子沒有吃什麼，日子滿了，他就餓了。魔鬼對他說：「你若是神的兒子，可以吩咐這塊石頭變成食物。」耶穌回答說：「經上說：『人活著不是單靠食物，乃是靠神口裡所出的一切話。』」魔鬼又領他上了高山，霎時間把天下的萬國都指給他看。對他說：「這一切權柄、榮華我都要給你，因爲這原是交付我的，我願意給誰就給誰。你若在我面前下拜，這都要歸你。」耶穌說：「經上記著說：『當拜主你的神，單要侍奉他。』」

路加福音四章9至12節，魔鬼又領耶穌到耶路撒冷去，叫他站在殿頂上，對他說：「你若是神的兒子，可以從這裡跳下去。」耶穌冷靜答道：「不可試探主你的神。」

以弗所書六章11至12節，保羅告誡信徒們：要穿戴神所賜的全副軍裝，就能抵擋魔鬼的詭計。因爲我們並不是與屬血氣的爭戰，乃是與那些執政的、掌權的、管轄這幽暗世界的，以及天空屬靈氣的惡魔爭戰。

以弗所書六章14至19節：要用眞理當做帶子束腰，用公義當做護心鏡遮胸，又用平安的福音當做預備走路的鞋穿在腳上。此外，又拿著信德當做藤牌，可以滅盡那惡者一切的火箭。並戴上救恩的頭盔，拿著聖靈的寶劍，就是神的道。靠著聖靈，隨時多方禱告祈求，並要在此警醒不倦，爲衆聖徒祈求；也爲我祈求，使我得著口才，能以放膽，開口講明福音的奧祕。

故此，你們要順服神，務要抵擋魔鬼，魔鬼就必離開你們逃跑了。

——雅各書四章7節

43．竭力保守聖靈所賜合而為一的心

〔經文〕

凡事謙虛、溫柔、忍耐，用愛心互相寬容，用和平彼此聯絡，竭力保守聖靈所賜合而為一的心。身體只有一個，聖靈只有一個，正如你們蒙召，同有一個指望；一主，一信，一洗，一神，就是眾人的父，超乎眾人之上，貫乎眾人之中，也住在眾人之內。

〔出處〕

以弗所書四章2至6節。

前提是凡事謙虛、溫柔、忍耐、愛心、寬容、和平，然後才能竭力保守聖靈所賜合而爲一的心。加拉太書三章14節：因基督耶穌可以臨到外邦人，使我們因信得著所應許的聖靈。

那在基督裡堅固我們和你們，並且膏我們的就是神。他又用印印了我們，並賜聖靈在我們心裡做憑據。（哥林後書一章21至22節）

我們一方面不要消滅聖靈的感動（帖撒羅尼迦前書五章19節），另一方面所有事情均須聽從聖靈的指教。約翰福音十四章26節：但保惠師，就是父因我的名所要差來的聖靈，他要將一切的事指教你們，並且要叫你們想起我對你們所說的一切話。

只等眞理的聖靈來了，他要引導你們明白一切的眞理；因爲他不是憑自己說的，乃是把他所聽見的都說出來，並要把將來的事告訴你們。他要榮耀我，因爲他要將受於我的告訴你們。凡父所有的，都是我的，所以我

說，他要將受於我的告訴你們。（約翰福音十六章13至15節）

他（保惠師）既來了，就要叫世人爲罪、爲義、爲審判，自己責備自己。爲罪，是因他們不信我；爲義，是因我往父那裡去，你們就不再見我；爲審判，是因這世界的王受了審判。（約翰福音十六章8至11節）

但聖靈降臨在你們身上，你們就必得著能力；並要在耶路撒冷、猶太全地和撒馬利亞直到地極，做我的見證。（使徒行傳一章8節）

回答柔和，使怒消退；
言語暴戾，觸動怒氣。
——箴言十五章1節

44．司提反殉道

〔經文〕

但司提反被聖靈充滿，定睛望天，看見神的榮耀，又看見耶穌站在神的右邊，就說：「我看見天開了，人子站在神的右邊。」眾人大聲喊叫，捂著耳朵，齊心擁上前去，把他推到城外，用石頭打他。作見證的人把衣裳放在一個少年人名叫掃羅的腳前。他們正用石頭打的時候，司提反呼籲主說：「求主耶穌接收我的靈（receive my spirit）！」又跪下大聲喊著說：「主啊，不要將這罪歸於他們！」說了這話就睡了。掃羅也喜悅他被害。

〔出處〕

使徒行傳七章55至60節。

〔以經解經〕

我們先瞭解一下司提反是什麼人：

第一，司提反是使徒年代被選出七個有好名聲、被聖靈充滿、大有信心、智慧充足的七個希臘人執事之一。(使徒行傳六章3至5節)

第二，司提反滿得恩惠、能力，在民間行了大奇事和神蹟。(使徒行傳六章8節)

第三，司提反是以智慧和聖靈說話，眾人抵擋不住。(使徒行傳六章10節)

接下來我們馬上看見司提反被誣陷了。

使徒行傳六章11至14節：就買出人來說：「我們聽見他說謗讟摩西和

神的話。」他們又聳動了百姓、長老、文士，就忽然來捉拿他，把他帶到公會去，設下假見證說：「這個人說話不住地糟踐聖所和律法。我們曾聽見他說，這拿撒勒人耶穌要毀壞此地，也要改變摩西所交給我們的規條。」

司提反在被審判過程中，嚴厲斥責眾人：你們這硬著頸項、心與耳未受割禮的人，常時抗拒聖靈；你們的祖宗怎樣，你們也怎樣。哪一個先知不是你們祖宗逼迫呢？他們也把預先傳說那義者要來的人殺了。如今你們又把那義者賣了、殺了。你們受了天使所傳的律法，竟不遵守。（使徒行傳七章51至53節）

我豈沒有吩咐你嗎？你當剛強壯膽！
不要懼怕，也不要驚惶，
因為你無論往哪裡去，耶和華你的神必與你同在。
——約書亞記一章9節

45．天國裡小孩子最大

〔經文〕

當時，門徒進前來，問耶穌說：「天國裡誰是最大的？」耶穌便叫一個小孩子來，使他站在他們當中，說：「我實在告訴你們，你們若不回轉，變成小孩子的樣式，斷不得進天國。所以，凡自己謙卑像這小孩子的，他在天國裡就是最大的。凡為我的名接待一個像這小孩子的，就是接待我。」

〔出處〕

馬太福音十八章1至5節。

在馬可福音九章33至37節中，有類似的經文：他們來到迦百農，耶穌在屋裡問門徒說：「你們在路上議論的是什麼？」門徒不作聲，因爲他們在路上彼此爭論誰爲大。耶穌坐下，叫十二個門徒來，說：「若有人願意做首先的，他必做眾人末後的，做眾人的佣人。」於是領過一個小孩子來，叫他站在門徒中間，又抱起他來，對他們說：「凡爲我名接待一個像這小孩子的，就是接待我；凡接待我的，不是接待我，乃是接待那差我來的。」

在路加福音九章46至48節中也有類似的記載：門徒中間起了議論：誰將爲大。耶穌看出他們心中的議論，就領一個小孩子來，叫他站在自己旁邊，對他們說：「凡爲我名接待這小孩子的，就是接待我；凡接待我的，就是接待那差我來的。你們中間最小的，他便爲大。」

這三段經文中耶穌的重點是：凡謙卑像小孩子那樣的，他在天國裡就是最大的。

主耶穌甚至明示，若不像小孩子，斷進不了神國。路加福音十八章15至17節：有人抱著自己的嬰孩來見耶穌，要他摸他們，門徒看見就責備那些人。耶穌卻叫他們來，說：「讓小孩子到我這裡來，不要禁止他們，因爲在神國裡，正是這樣的人。我實在告訴你們，凡要承受神國的，若不像小孩子，斷不能進去。」

神阻擋驕傲的人，賜恩給謙卑的人。

——彼得前書五章5節

46．丈夫是妻子的頭

〔經文〕

你們做妻子的，當順服自己的丈夫，如同順服主。因為丈夫是妻子的頭，如同基督是教會的頭，他又是教會全體的救主。教會怎樣順服基督，妻子也要怎樣凡事順服丈夫。你們做丈夫的，要愛你們的妻子，正如基督愛教會，為教會捨己。

〔出處〕

以弗所書五章22至25節。

一方面丈夫是妻子的頭，相對的丈夫也當照樣愛妻子，如同愛自己的身子，愛妻子便是愛自己了。（以弗所書五章28節）妻子也當敬重她的丈夫。（以弗所書五章33節）

保羅對丈夫的要求在提摩太前書三章2至4節中說得詳細：做監督的，必須無可指責，只做一個婦人的丈夫，有節制、自守、端正，樂於接待遠人，善於教導，不因酒滋事、不打人，只要溫和，不爭競、不貪財，好好管理自己的家，使兒女凡事端莊、順服。

彼得對自己妻子的要求，在彼得前書三章1至4節中說得詳細：你們做妻子的要順服自己的丈夫。這樣，若有不信從道理的丈夫，他們雖然不聽道，也可以因妻子的品行被感化過來。這正是因看見你們有貞潔的品行和敬畏的心。你們不要以外面的辮頭髮、戴金飾、穿美衣爲妝飾，只要以裡面存著長久溫柔、安靜的心爲妝飾，這在神面前是極寶貴的。

保羅在哥林多前書七章3至5節提到夫妻相處之道：丈夫當用合宜之份待妻子，妻子待丈夫也要如此。妻子沒有權柄主張自己的身子，乃在丈夫；丈夫也沒有權柄主張自己的身子，乃在妻子。夫妻不可彼此虧負，除非兩相情願，暫時分房，爲要專心禱告方可；以後仍要同房，免得撒旦趁著你們情不自禁，引誘你們。

房屋錢財是祖宗所遺留的，
唯有賢惠的妻是耶和華所賜的。
——箴言十九章14節

47．順服權柄

〔經文〕

在世上有權柄的，人人當順服他；因為沒有權柄不是出於神的，凡掌權的都是神所命的。所以抗拒掌權的，就是抗拒神的命；抗拒的，必自取刑罰。

〔出處〕

羅馬書十三章1至2節。

〔以經解經〕

保羅在羅馬書十三章3至5節中，從行善與作惡的角度解說爲何要順服權柄：做官的原不是叫行善的懼怕，乃是叫作惡的懼怕。你願意不懼怕掌權的嗎？你只要行善，就可得他的稱讚，因爲他是神的佣人，是於你有益的。你若作惡，卻當懼怕；因爲他不是空空地佩劍，他是神的佣人，是伸冤的，刑罰那作惡的。所以你們必須順服，不但是因爲刑罰，也是因爲良心。

保羅在羅馬書十三章6至7節，特別提到了納糧與上稅：你們納糧也爲這個緣故，因他們是神的差役，常常特管這事。凡人所當得的，就給他；當得糧的，給他納糧；當得稅的，給他上稅；當懼怕的，懼怕他；當恭敬的，恭敬他。

彼得前書二章18至19節中，解說了僕人與主人之間應對之道：你們做僕人的，凡事要存敬畏的心順服主人；不但要順服那善良溫和的，就是那乖僻的也要順服。倘若人爲叫良心對得住神，就忍受冤屈的苦楚，這是可喜愛的。

以弗所書六章1至4節闡述了父母與兒女相處之道：你們做兒女的，要在主裡聽從父母，這是理所當然的。「要孝敬父母，使你得福，在世長壽。」這是第一條帶應許的誡命。你們做父親的，不要惹兒女的氣，只要照著主的教訓和警戒養育他們。（以弗所書六章4節）

歌羅西書三章20節：你們做兒女的，要凡事聽從父母，因為這是主所喜悅的。

你們年幼的，也要順服年長的。

——彼得前書五章5節

48．脫去舊人，穿上新人

〔經文〕

就要脫去你們從前行為上的舊人，這舊人是因私慾的迷惑漸漸變壞的。又要將你們的心志改換一新，並且穿上新人，這新人是照著神的形象造的，有真理的仁義和聖潔。

〔出處〕

以弗所書四章22至24節。

基督徒在脫去舊人，穿上新人的艱難過程中的場景，馬太福音二十二章11至14節中描述得最爲生動：王進來觀看賓客，見那裡有一個沒有穿禮服的，就對他說：「朋友，你到這裡來怎麼不穿禮服呢？」那人無言可答。於是王對使喚的人說：「綑起他的手腳來，把他丟在外邊的黑暗裡，在那裡必要哀哭切齒了。」因爲被召的人多，選上的人少。

事實上，人若不從水和聖靈生的，就不能進神的國。（約翰福音三章5節）

那麼基督徒該怎麼做呢？不要效法這個世界，只要心意更新而變化，叫你們察驗何爲神的善良、純全、可喜悅的旨意。（羅馬書十二章2節）

凡接待他的，就是信他名的人，他就賜他們權柄，做神的兒女。這等人不是從血氣生的，不是從情慾生的，也不是從人意生的，乃是從神生的。（約翰福音一章12至13節）

這時，脫去舊人的基督徒的狀態如下：外體雖然毀壞，內心卻一天新似一天。我們這至暫至輕的苦楚，要爲我們成就極重無比、永遠的榮耀。原來我們不是顧念所見的，乃是顧念所不見的；因爲所見的是暫時的，所不見的是永遠的。（哥林多後書四章16至18節）

我們因著信，就知道諸世界是藉神的話造成的；這樣，所看見的，並不是從顯然之物造出來的。（希伯來書十一章3節）

若有人在基督裡，他就是新造的人；
舊事已過，都變成新的了。
——哥林多後書五章17節

49．聽道、信道、行道

〔經文〕

可見信道是從聽道來的，聽道是從基督的話來的。

〔出處〕

羅馬書十章17節。

〔以經解經〕

什麼是基督的話呢？歌羅西書三章16至17節解釋得很清楚：當用各樣的智慧，把基督的道理豐豐富富地存在心裡，用詩章、頌詞、靈歌彼此教導，互相勸誡，心被恩感，歌頌神。無論做什麼，或說話、或行事，都要奉主耶穌的名，藉著他感謝父神。

再來信道與行道之間，乃是信心與行爲之間的關係。此部分雅各書二章14至17節說得精闢：我的弟兄們，若有人說自己有信心，卻沒有行爲，有什麼益處呢？這信心能救他嗎？若是弟兄或是姐妹赤身露體，又缺了日用的飲食，你們中間有人對他們說，平平安安地去吧！願你們穿得暖、吃得飽，卻不給他們身體所需用的，這有什麼益處呢？這樣，信心若沒有行爲就是死的。

再讀雅各書二章20至22節：虛浮的人哪！你願意知道沒有行爲的信心是死的嗎？我們的祖宗亞伯拉罕把他兒子以撒獻在壇上，豈不是因行爲稱義嗎？可見信心是與他的行爲並行，而且信心因著行爲才得成全。

最後，從聽道、信道而行道，我們必須向著標竿直跑。腓立比書三章13至14節：弟兄們，我不是以爲自己已經得著了，我只有一件事，就是忘記背後，努力面前的，向著標竿直跑，要得神在基督耶穌裡從上面召我來得的獎賞。

因為聽道而不行道的，就像人對著鏡子看自己本來的面目；看見，走後，隨即忘了他的相貌如何。

——雅各書一章23至24節

50．復活

〔經文〕

耶穌對她說：「復活在我，生命也在我；信我的人，雖然死了，也必復活。凡活著信我的人必永遠不死。你信這話嗎？」馬大說：「主啊！是的，我信你是基督，是神的兒子，就是那要臨到世界的。」

〔出處〕

約翰福音十一章25至27節。

關於主耶穌的復活，馬太福音二十八章1至10節、馬可福音十六章1至8節、路加福音二十四章1至12節都有提到。

這三處經文中，以路加福音的說明最爲淸晰：七日的頭一日，黎明的時候，那些婦女帶著所預備的香料來到墳墓前，看見石頭已經從墳墓滾開了。她們就進去，只是不見主耶穌的身體。正在猜疑之間，忽然有兩個人站在旁邊，衣服放光。婦女們驚怕，將臉伏地。那兩個人就對她們說：「爲什麼在死人中找活人呢？他不在這裡，已經復活了。當記念他還在加利利的時候怎樣告訴你們，說：『人子必須被交在罪人手裡，釘在十字架上，第三日復活。』」她們就想起耶穌的話來，便從墳墓那裡回去，把這一切事告訴十一個使徒和其餘的人。那告訴使徒的，就是抹大拉的馬利亞和約亞拿，並雅各的母親馬利亞，還有與她們在一處的婦女。她們這些話，使徒以爲是胡言，就不相信。彼得起來，跑到墳墓前，低頭往裡看，見細麻布獨在一處，就回去了，心裡稀奇所成的事。

我們再看約翰福音十一章43至44節，著名的拉撒路復活：說了這話，就大聲呼叫說：「拉撒路出來！」那死人就出來了，手腳裹著布，臉上包著手巾。耶穌對他們說：「解開，叫他走！」

我當日所領受又傳給你們的，第一，就是基督照聖經所說，為我們的罪死了，而且埋葬了，又照聖經所說，第三天復活了。

——哥林多前書十五章3至4節

51．光明潔白的細麻衣

〔經文〕

我聽見好像群眾的聲音，眾水的聲音，大雷的聲音，說：「哈利路亞！因為主我們的神，全能者做王了。」我們要歡喜快樂，將榮耀歸給他，因為羔羊婚娶的時候到了，新婦也自己預備好了，就蒙恩得穿光明潔白的細麻衣。這細麻衣就是聖徒所行的義。天使吩咐我說：「你要寫上，凡被請赴羔羊之婚筵的有福了！」

〔出處〕

啓示錄十九章6至9節。

群衆的聲音指天上群衆的聲音。啓示錄十九章1節：此後，我聽見好像群衆在天上大聲說。

衆水的聲音，表徵地上多民、多人、多國、多方都在發聲。啓示錄十七章15節：天使又對我說：「你所看見那淫婦坐的衆水，就是多民、多人、多國、多方。」

大雷的聲音，表徵從寶座發出的聲音。啓示錄四章5節：有閃電、聲音、雷轟從寶座中發出。

全能者做王了，指主耶穌做王了，千年國度開始了。

羔羊婚娶的時候到了，新婦也自己預備好了，羔羊是指主耶穌，祂是神的羔羊（約翰福音一章29節），新婦指的是教會。聖經常用婚娶來說明主耶穌與教會的親密關係。

就蒙恩得穿光明潔白的細麻衣。這細麻衣就是聖徒所行的義，表徵光明與聖潔的好行爲。聖經常用衣服表徵人的行爲，以賽亞書六十一章10節：

因他以拯救爲衣給我穿上，以公義爲袍給我披上。

凡被請赴羔羊之婚筵的有福了，因爲能進千年國度與基督一同做王一千年。（啓示錄二十章4至6節）

至於那些沒有光明潔白細麻衣的人，就要被丟在黑暗裡哀哭切齒了。（馬太福音二十二節11至13節）

你們是世上的鹽，你們是世上的光。

——馬太福音第五章13至14節

52．新天新地

〔經文〕

我又看見一個新天新地，因為先前的天地已經過去了，海也不再有了。我又看見聖城新耶路撒冷由神那裡從天而降，預備好了，就如新婦妝飾整齊等候丈夫。我聽見有大聲音從寶座出來說：「看哪！神的帳幕在人間，他要與人同住，他們要做他的子民；神要親自與他們同在，做他們的神。」

〔出處〕

啓示錄二十一章1至3節。

在千年國度裡，得勝的基督徒與主耶穌做王一千年，經過白色大寶座的審判之後，就到了新天新地。

在新天新地裡，神要與人同住。（啓示錄二十一章3節）而且其中聖城新耶路撒冷城內住的是得勝者，是神的兒子。（啓示錄二十一章7節）新耶路撒冷城外住的是神的子民。（啓示錄二十一章3節）

在新天新地的新耶路撒冷，有下列的景象：

一、城裡有神和羔羊的寶座。（啓示錄二十二章3節）城裡沒有殿，而主神全能者和羔羊就是城的殿。（啓示錄二十一章22節）

二、列國要在城的光裡行走，地上的君王必將自己的榮耀歸於那城。（啓示錄二十一章24節）

三、城內不用日月光照，因有神的榮耀光照，又有羔羊爲城的燈。（啓示錄二十一章23節）

四、不再有海。（啓示錄二十一章1節）不再有黑夜。（啓示錄二十二章5節）不再有死亡。（啓示錄二十一章4節）不再有悲哀、哭號、疼痛。（啓示錄二十一章4節）

五、牆是碧玉造的，城是精金的。（啓示錄二十一章18節）有高大的牆，有十二個門。（啓示錄二十一章12節）城牆的根基是用各種寶石修飾的。（啓示錄二十一章19節）

然而，只有名字寫在羔羊生命冊上的，才得進去新耶路撒冷城內。（啓示錄二十一章27節）

主神要光照他們。他們要做王，直到永永遠遠。

——啟示錄二十二章5節

作者簡介

郭泰

台中豐原人，政大新聞系畢業，曾任報社記者與哈佛企管顧問公司副總經理，曾在世新大學教過書。

他先學新聞後唸管理（在哈佛企管讀了三年），研究過王永慶與推銷術，最後在股票投資開花結果。

35年來寫了35本書，其中《開創者趙耀東》、《快樂訣》得過金鼎獎。暢銷書有《鼓舞》、《企劃案》、《識人學》、《王永慶經營理念研究》以及《抄底實戰66招》、《逮到底部》、《看準位置》等抄底三書。

70歲篤信主耶穌，四年來每天勤讀聖經，勉勵自己有生之年能讀出聖經的智慧與眞理，本書乃是此背景下的產物。

人生顧問393

愛，讀出聖經的智慧與眞理

作　者—郭　泰
副主編—謝翠鈺
行銷企劃—江季勳
視覺設計—陳昭淵

董事長—趙政岷
出版者—時報文化出版企業股份有限公司
108019台北市和平西路三段二四〇號七樓
發行專線—（〇二）二三〇六六八四二
讀者服務專線—〇八〇〇二三一七〇五．（〇二）二三〇四七一〇三
讀者服務傳眞—（〇二）二三〇四六八五八
郵撥—一九三四四七二四時報文化出版公司
信箱—一〇八九九　台北華江橋郵局第九九信箱
時報悅讀網—http://www.readingtimes.com.tw
法律顧問—理律法律事務所　陳長文律師、李念祖律師
印刷—勁達印刷有限公司
初版一刷—二〇二〇年四月十七日
定價—新台幣三五〇元
缺頁或破損的書，請寄回更換

時報文化出版公司成立於一九七五年，並於一九九九年股票上櫃公開發行，於二〇〇八年脫離中時集團非屬旺中，以「尊重智慧與創意的文化事業」爲信念。

愛，讀出聖經的智慧與眞理 / 郭泰作 .-- 初版 . --
臺北市 : 時報文化 , 2020.04
192 面 ; 13*19 公分 . -- (人生顧問 ; 393)
ISBN 978-957-13-8146-6(精裝)

1. 聖經研究

241.01　　109003266

ISBN 978-957-13-8146-6
Printed in Taiwan

喜樂的心，乃是良藥；憂傷的靈，使骨枯乾。